弓与犁

草原与中原的和与战

山东画报出版社

序

在中国历史中,中原和草原的关系充满各种戏剧性的故事,在故事中,所有能够想到的和想不到的人,成为主角,撕开历史的帷幕,或成为配角,增添历史的精彩。胡服骑射,孟姜女哭长城,白登山之围,昭君出塞,李陵反叛,苏武牧羊,文姬归汉,鲜卑汉化,木兰从军,忠烈杨家将,岳飞北伐,戚继光守边……这些故事以各种形式和载体,将草原和中原的文化带入中国史之中。那些跌宕起伏的情节和桥段,让中国史更加精彩且耐人寻味。复杂多变的对抗和融合,成为历史车轮滚动的重要动力。中原王朝的变革与发展、兴替和延续,与草原有着千丝万缕的关联,而草原上的分与合、兴与衰,与中原政权的更迭存在内在呼应。因此,失去草原的中国史既不完整,也使中国史的内在构成与走向缺少合理解释。缺乏解释的历史书写,还能成为历史么?走出童话和神话的世界,应该是一个族群心智成长、成熟的重要标志。

只是在儒生们撰写的传统史籍中,对草原民族的勾勒与描述始终存在一种明显的偏见。这种偏见源于文化的隔膜以及文化层面上的差异。华夷之分,存在于一代又一代的中原人的观念中,作为一种基因传承下来,在民间话语中更加强化了这种观念。后人沿着这单一的视线将眼光投向草原,无论在庙堂还是民间,草原的形象日趋脸谱化、表面化。最终在民间认识中,那些生活在长城以北的游牧者,几近于饕餮或者其他什么面目狰狞的怪物。显然,真实的历史不是这样的。

草原民族的所思所想、所言所行、喜怒哀乐、诉求和立场,在传统史书的正面和反面虽有所呈现,但清晰度是不高的。坚持"非我族类,其心必异"的主张,不修正"华夷之辨"的观念,如何能让我们看清楚真实的草原?一个面目模糊的草原是令人困惑的。巴菲尔德在《危险的边疆:游牧帝国与中国》一书中指出,游牧民族与汉人在世界观上的不同,使双方经常处于彼此"误读"的状态。因此,把中原作为文明的恶人或善人,或者将草原作为野蛮的罪人或者弱者,都是一种幼稚的视角。只有站在第三方看待两者的行为、动机和立场,才有可能真正发现草原和中原关系史中的真相,也才有可能把其中的吊诡之处解开,清理出其中简单明了的历史逻辑。

《人类简史》的作者尤瓦尔·赫拉利是一个痛恨"人类中心主义"的学者,他站的位置不是"此处",也不是"彼处",而是"此处"和"彼处"的上方。正因为有这样的立场和视角,他看见了"此处"(智人)的荒诞性和那些强词夺理的"正义",看懂了"彼处"(被智人征服和使用的物种)的悲哀和反抗中的壮烈。因此,他否定了对强者有利的各种"主义"和"权利",甚至"科学"在他眼里也是智人否定和剥夺其他物种而获得自身快感的工具。站在这样的视角看，科学也充满罪孽，或者说，是智人犯罪的工具。中原和草原之间的纠葛、恩怨和交融，也应该抛开"非此即彼"的视角，否则，我们只能像老鼠追咬自己的尾巴一样，虽然在奔跑，但实际上是在原地打转。

自从著名学者拉铁摩尔重新发现草原和中原的关系之后，这个话题吸引了越来越多的历史学家、经济学家、人类学家、气象学家等诸多学科的研究者。从目前已经达成的共识看，大家比较认可由于地理位置上的差异，导致草原和中原在气候上的差异难以调和，气候上的差异又使草原和中原在食物品类以及获取食物的方式上完全不同。沿着这条逻辑线往下走，大致以长城为草原和中原的分界线，长城南北在生产方式、生活形态、文化表象和内涵以及思维方式方面，则很难交融在一起——即使几千年的频繁交往，也很难做到。这种局面当然与草原民族和中原人的主观努力无关，只能解释为环境及文化制度使然。当然，最终草原和中原融为了一体，在文化和感情上彼此尊重、彼此扶持。两千多年的岁月，让我们深深地认识到人与人、人群与人群之间无论肤色、层级、地域，最宝贵的不是交换，不是舍取，而是信任。

本书基本遵循了上述的理念，但在具体的叙述中，则更多地运用了经济学的思维方式阐述这些理念和观点。之所以会如此，是因为我多年来研究经济学理论，在思想深处种下了"一颗经济学的种子"。因此，这本书实际上是一本用经济学方法、思维和视角研究历史的经济学著作。

本书在成书之前，其中大部分章节已经在《信息时报》以专栏的形式发表过。之后,又经过了两年多的不断增删,在 2015 年,被静雅思听网站收录,做成有声读物。在以书的面目呈现给大家之前,这本书的内容已经有两个"身份"。但本书又有着很多不同之处。在书中,我选择了几个重要的话题和事件展开叙述,比如如何看待长城的作用、"澶渊之盟"背后蕴含着怎样的历史隐秘、成吉思汗交给丘处机的"止杀令"是否发挥作用等等。希望这些章节都能够启发读者重新打量草原和中原二千多年的战争与和平交织的历史,从而让我们以更加理性的视角看待我们的历史,还有那个曾经让我们迷惑而充满神秘感的草原。

最后,在我对这本书的修改过程中,我的母亲、爱人和女儿给予了我无私的支持,这是我完成此书的最大动力和力量源泉。更重要的是,我感谢我已故的父亲,是他的谆谆教诲以及最直接而有力的鼓励,才使我最终完成这本书的写作,这本书也是我对他深切怀念的寄托。

而对我而言,中原和草原关系这个话题的探索也才刚刚开始。此时,我发现自己深深地爱上了那片曾经陌生的草原和那个存在于想象中的北部边疆,那里是如此充满魅力,让我心仪,不能释怀。

目 录

长城的问题 / 1

都是水惹的祸 / 24

脆弱的草原 / 43

马上的骄傲 / 60

长城边上的第三种人 / 79

耶律德光的难题 / 94

"天可汗"的神话 / 111

澶渊之盟的隐秘 / 125

止杀令 / 142

明朝的边疆危机 / 160

紧张的明朝都城 / 176

参考书目 / 191

扫一扫收听本节音频

长城的问题

一

秦朝以后,汉朝、明朝等中原王朝为保卫自己的家园,在北部边疆修筑长城抵御草原民族的侵袭。但从实际效果看,我们却很难评价。

表面上看,长城对处于防守一方的中原王朝非常有利。大家可以想象,中原王朝派出数量不多的兵将,站到城墙上张弓拉箭,以逸待劳,在冷兵器时代或半冷兵器时代,这种打法确实省力,防守效率奇高。守卫长城的部队万一被草原军团搞了偷袭,也没什么可怕的,可以依靠长城上的烽火台传送消息,召集各地人马,齐聚一起,打好了,来个反偷袭,全歼敌人,这也是在情理之中的。

可是,大家知道,抵御敌人进攻,最好的部署是在同一个方向上建立多道防线,形成防守的纵深。如果只靠一道防线抵御敌人,实际上是很危险的。原因很简单,这条防线一旦在一点上被敌人突破了,远处的援军没来得及跑过来对敌人围追堵截,那么,整个防线在瞬间就可能被攻破。

从这个意义上看，长城即使修得再牢固、再漫长，其实际用处也是极为有限的。从历史记载看，长城也确实从未真正把驰马呼啸、弯弓射雕的草原军团挡在墙外。长城的军事防御功能并不是大家普遍理解得那样强。

黄河、长江的军事防御功能与长城极为类似。黄河、长江这类号称"天堑"的防御屏障，肯定有利于防守，但仅指望这两条河流就把敌人挡住，则显得过于一厢情愿了。懂点军事的人都知道，要想守住长江，必须守住淮河以及淮河到长江之间的平原。一旦敌人突破淮河，而且还攻占江淮平原，这时候长江也就成了"摆设"。那些守长江的江南政权，比如东晋、南宋，在江淮地区投入的军力往往都要远高于沿江地区。而争夺江南政权的决定性之战，也很少发生在长江沿岸，大概只有赤壁之战和忽必烈攻打鄂州的战斗等为数不多的战例，长江才发挥了很重要的防御功能。

既然实际军事功效被打了折扣，那么，修长城还是不修长城就成为一个始终困扰中原王朝的问题了。从秦以后，真正大规模修筑长城的中原王朝其实并不多。汉朝在其建国初期算是勉强地使用过长城，也曾对秦朝留下的长城打了很多"补丁"。然而，汉朝后来真正能抵御住草原民族的侵扰，其实与长城也没什么太大关系。在很大程度上，解决这个匈奴南侵的问题，主要还是因为雄才大略的汉武帝大力发展骑兵部队，采取主动出击的作战方式，举倾国之力最终打败匈奴，逼得这个草原民族一部分北迁，一部分西逃。后来，到东汉时期残留在草原上的匈奴则不得不南附，也就是投降汉朝，成了汉家臣民了。

虽然汉武帝终其一生也没有彻底解决匈奴南侵的问题。但他死之后，匈奴那种不把汉朝当回事儿的嚣张气焰确实被打压了下去。在他之后的岁月里，汉朝打出"战争""和亲"和"贸易"等一系列组合拳，因匈奴的侵扰而带来的损失则被大大降低。

和草原帝国对抗，无论从财政能力，还是从军事实力，晋朝都不算是一个太有成就的中原王朝。虽然晋朝也对长城做了很多次修补，但规模和秦汉相比还是有很大差距，也就是在晋武帝时，监幽州诸军事的护乌桓校尉唐彬重修了3000多里秦代长城和城塞，但实际效果却不好说。毕竟，国内一团乱麻，"八王之乱"已经把晋朝搞得不堪一击，即使草原民族不来打它，晋朝其实也很难支撑下去，长城的作用在晋朝很难被评估。

到了南北朝时期，虽然长城南北都算是鲜卑民族的势力范围，但长城却被大规模修葺了三次。北魏虽然也来自草原，但自从孝文帝力排众议带着大家伙儿把家搬到中原后，鲜卑人的势力也逐渐南移，原来被他们看不起的柔然民族抓住机会，鸠占鹊巢，在草原地区崛起。从此，北魏帝国不断被柔然骚扰、偷袭，深受折磨。这个在草原上起家、靠弓马闯天下的帝国也不得不打起长城的主意。不过，因为北魏把长城防线修成一条单一的防线，缺乏弹性防御设施，长城在北魏的手上也没发挥出太大的防御效果，其军事价值非常有限。

唐朝建国之时，唐太宗李世民就以皇帝兼"天可汗"的双重身份，成为中原王朝和草原民族共同尊奉的"一把手"。终唐一世，基本没听说过有哪个皇帝动过大规模修筑长城的念头。在安禄山造反之前,在河北、山西等传统的汉族聚居区,实际上早已呈现出"胡汉混居、不分彼此"的生活场景。这时候,即使有人提出修筑长城,大家也会感到莫名其妙,觉得"俺们都是唐王朝的子民,修长城,你皇帝是想防备谁呢?"

二

如果不是在宋朝建国之初,燕云十六州被沙陀人石敬瑭送给辽国,考虑到宋朝具有非常内向的性格,不用想也知道,它一定会毫不吝啬地拿出大把银子,跑到北部边疆,把长城修个结结实实。很可惜,它没这个机会。

不过宋朝也曾拿出大把银子修了"长城",但它所修的"长城"并不是在绵长的山脉上依山势而建,也不是由砖石构成的,而是在今天的河北省中北部的平原地带建成的。所谓的"长城"其实就是国家有目的、有计划地大面积种植的树林和挖掘的河汊沟壑以及地下通道。这些地下通道过了一千多年,遗留下来的一部分用于对付日本侵略者,看过电影《地道战》的人想必对其功效有非常深刻的认识。很显然,树林、河汊以及地下通道对防御步兵用处是很有限的,但对抵御北部草原来的骑兵,效果却很明显。据说草原骑兵为此吃了不少苦头。这种把绿化地球的事业和以杀人为目的的战争结合起来,也算是相当不错的创举。

后来,金国被蒙古人从草原驱赶出来,却不像宋朝那样,做好北部的国防工程,而是躲在长城以南,靠着已经残破的长城抵御彪悍的蒙古兵。可是，实际效果却惨不忍睹。蒙古人不但不费什么大力气就杀了过来，而且还一路追杀到河南，和南宋联手，最后，金朝因为平时不练武功也没太注意和邻居宋朝处理好关系，被南北两个邻居灭在一个不算大的城池——蔡州城里。与其他中原王朝相比，金朝的灭亡显得非常狼狈，等于是被两个强人从上至下、从下至上压扁后，才被从地球上硬生生地抹去。

虽然宋朝没条件在北部崇山峻岭中修砖石结构的长城，但在和西夏作战时，倒是修了大量的军事要塞和城堡。从功效上看，这些要塞和城堡与长城是一样的，都是用来防守的，只是比长城的防守更厉害。

北宋，城堡修在各个关键地段，而且互为犄角。如果西夏兵拍马杀来，各个城堡和山寨之间则可以实施很有效的动态支援，与在长城上相对被动的防守相比，这种静态加动态的防守效果自然强得多了。即使这些要塞和堡垒经常会被西夏军攻下后强拆，但西夏人的攻城器械也并不富余，更不先进。在攻城拔寨上不占任何优势，经常为了攻下一个规模并不大的堡垒要塞，付出尸山血海的代价。里外一算，西夏人吃了相当大的亏。

范仲淹从镇守西北边陲开始，就打定主意修这种到处漏风但效率极高的"长城"。他希望通过不断把城堡向西夏腹地推进，最终把西夏人压扁，活活地把它困死。为此，他投入了大量的精力和财力。如果这一策略坚持下去，西夏国大概是人类历史上为数不多的被敌国玩弄且折磨而死的国家。这种死法难看不说，更谈不上尊严。

纵观中原王朝实施的长城战略，应该说宋朝这次做得还是不错的，在西北为西夏国量身打造的长城，既有在"一条线"的横向防御，又有纵深上的分层次防御，更有"面"上的整体防御。保守中更显进攻，守雌中更见凶狠，以柔克刚，以雌克雄。在战场上拼国力、拼技术，而西夏的国力、科技和宋朝没法比，自然是陷入极度被动而无力的惨境。

要是说宋军总是这么有耐心地和西夏国周旋，也是不对的，有时候宋军也会雄起一把，杀出营寨城堡，主动出击。比如说，宋神宗曾主持"熙河之役"，从战役开始，宋朝就拉出灭人国祚的架势。既然是准备在短时期内不让西夏再活下去，宋军当然要主动离开城池和堡垒，到西夏国的地面上搞大规模的破坏。从战役之初的情形看，这次规模浩大的主动出击，效果还是相当令人振奋的，连续进攻得手，西夏军则手忙脚乱，惊慌失措。如果不出意外，西夏或许会被连根拔起。可是，最终的结果却让人非常失望，以至于令人痛心疾首。因为宋军各路人马配合不到位，将官之间不默契，还争风吃醋，明里暗里互相拆台，见死不救，关键时刻给战友使倒劲儿，一场轰轰烈烈的灭国战役打得丢人现眼、大败亏输，白白搭进去八方精锐和数千万的军饷。

宋朝之所以敢于打这场战役，一方面是王安石变法后，朝廷腰包确实鼓起来了，手上掌握的财政资源能够支撑这场大战役。另一方面，也是宋朝长期执行长城战略，导致西夏国力和民力大不如前。如果宋神宗能够有点耐心，在有生之年，还是有些希望能看到西夏国正式向宋朝认输的。即便熙河之役失败，只要痛定思痛，重新回到原来的长城战略上，也没什么大不了，西夏被打残了，短期内也不敢、更没能力向宋朝做大规模的反攻倒算。可是，这一毁国于无形的战略被宋神宗亲手破坏后，宋朝却逐渐陷入了乱哄哄的党派之争。在朝堂之上，再也没有实权派人物认真关心西北战略了。西夏借助上帝之手，躲过了亡国灭种的浩劫。

三

如果仅仅算算经济账，猛一看，靠修长城来防御北部草原民族的侵袭，对资源丰富和科技发达的中原王朝而言，是比较合算的。

明朝成化年间，蒙古鞑靼部经常寇边犯境，为此，明朝的大臣们不得不聚到一起，讨论如何处理这个棘手的问题。这就要把账算清楚，看哪种解决问题的方式投入相对小而效果却最好。等所有的账目算完后，大家一致认为，还是修长城合算。

从大家算出的账来看，对当时准备修的那部分长城，如果征用5万劳工加以修缮，用时也就是2个月左右，花费不过100万两银子。可是，如果征调8万远征军去跑到那里驻防，一年则要耗资千万两银子。一对比，当然是修长城比不修强多了。更何况，有长城在那里摆着，派过去驻防的军队可以少很多。即使对这么少的军队也不愿意拨付粮饷的话，朝廷也可以命令他们在长城边上屯田。这些驻屯军平时可以做到自产自食，国家除了先期一次性投入100万两银子外，其他的花费几乎可以忽略不计。

相反，如果派过去8万人的军队，一旦不能一战而定乾坤，也需要考虑在边疆屯田,但为8万人找可耕种的土地,也不是件易事。即使找到了,长城边上的土地品质和肥力能否供养8万人的吃喝也是一个问题。即使能够勉强供养,安置如此众多且来自全国各地的军人,让他们除了打仗还兼职当农民,这件事本身就是一个相当大的麻烦,以至于让人不愿意仔细思量。8万人在边疆扎下根,一旦在经济上独立,后果是相当可怕的。有经济基础的武装队伍,而且还处于专制王朝控制的边缘地带,却和觊觎中原财富的草原部落近在咫尺,双方长期对峙、相处,控制不好的话,时间长了很容易出现安禄山之类的人物。有野心的军阀形成割据势力,对皇权造成的戕害想必大家都是清楚的。

一帮精明且善于为皇帝解忧的大臣们算完账后,朝野内外对修长城一事自然都很兴奋,深感太祖和成祖把蒙古人赶过了长城,真是英明千载啊!如果还让蒙古人占据燕云十六州,明朝再变成第二个宋朝,哪还会有躲在长城后面,不费事地抵御草原兵团这么合算的好事呢?

可是,纵观明朝,国家修长城虽不能说没效果,可总是在最关键时刻,没有让长城发挥出什么太大的实际效用。相反,还总是在关键时刻"掉链子",让皇帝和忠臣们相当纠结。这种情况屡次发生后,只能说明长城本质上不过是个华丽而高级的摆设而已。

公元1449年,明英宗在土木堡被瓦剌人活捉了,人家瓦剌人一鼓作气越过长城,直接杀到北京城下。嘉靖皇帝在位时,土默特部的俺答汗也曾越过长城杀到北京郊区,大肆劫掠了一番,腰包鼓到一定程度后,心满意足地回去了。而到了崇祯年间,皇太极的部队虽然从山海关打不进来了,但他们从古北口等地照样突破了长城防线,以至于在河北大平原上走哪儿抢哪儿,最南端甚至跑到了山东。

这么看,如果算成本收益,讨论修不修长城的问题时,除了算清楚投入产出外,还需要看如果想实现预期的产出,需要什么样的配套条件。如果没有真正强悍的部队在长城上,长城即使修得再扎实,也没有实际用处。比如,戚继光在慕田峪附近修过长城,北部草原的骄兵悍将几乎很少和戚家军打照面。倒不是怕这里的长城坚固打起来吃亏,关键是怕这里驻扎着训练有素的戚家军。这样看,如果长城沿线到处都有像戚家军这样的部队驻防,修长城自然很合算。相反,让一帮只善于、也只喜欢种田经商的军队守长城,对长城投入再多也是白搭。

四

说到底,长城是中原农耕民族解决与草原游牧民族利益冲突的工具之一。不能说这个工具完全是摆设,但绝不能高估这个工具的价值,更不能抱有任何幻想,觉得依靠长城就能过上安稳而踏实的日子。鉴于此,要很好地解决游牧民族和中原王朝的利益冲突,还要想些其他高明而有效的招数。

汉朝时候,深受儒家理论熏陶的大臣刘敬,给皇帝出主意,通过匈奴单于与皇室女联姻,在汉匈高层之间建立亲戚关系,从此一劳永逸地解决汉匈冲突。按照儒学的观点,这个想法是很在理的。

匈奴王和汉朝皇帝通过和亲，变成了"实在亲戚"，从此以后，匈奴咋还好意思无缘无故地南侵呢？

但从日后的实际效果看，人家匈奴王娶了汉朝的皇室女，依然还时不时觍着脸破关杀将，掠夺汉朝的人口和财物，一点也没觉得不好意思。靠和人家攀亲戚，实际上是"赔了夫人又折兵"的损招。除非你让匈奴人真的成为儒学的拥趸，否则，人家提刀来打你，你也只能干着急，有理也说不清，说清了，也没人听。

既然联姻不行，那就直接送财物，宋朝就是这么干的。从澶渊之盟后，宋朝开始给辽国送岁币，一送就是百年。后来又给西夏送，再后来又给金朝、蒙古送，算是没枉费"宋"（送）朝这个国名。宋朝立国三百多年，用金钱换和平，不能说没一点效果。可总体上看，送出去的东西并没有换来人家的感恩和自己国家的长治久安，却助长了人家的嚣张气焰。在关键时刻，还让人看不起你，鼓起打你抢你的冲动和信心。

更尴尬的是，送东西还让自家人时刻感到很憋屈。即使宋朝军队的武器装备一流，在战场上也能经常打得辽国、西夏、金朝和蒙古人丢盔卸甲、狼狈逃窜，但毕竟打来打去，输赢暂且不论，最终也不是人家给你东西，而是你给别人东西。甚至如果需要，皇帝也经常需要弯腰低头，给草原上的"当家人"当晚辈，或者不得不违心地和人家称兄道弟，非常丢中原"上国"的面子。因此，在宋朝身上加一个"弱宋"的名声，它还真不敢说个"不"字。

因为胆怯和实力不济，白送别人东西，确实很难赢得别人的尊重。其实，中原王朝手中还有一个利器，能够欺负北部草原那些不讲理的人，这把利器就是贸易。

大家知道，按照对外贸易的基本原理，如果两个国家或地区之间掌握着只属于自己的比较优势，双方才会有交换产品的基础。比如，A国家生产茶叶的效率高于B国家，但B国家生产毛皮的效率高于A国家，这样的话，如果A和B两个国家专心致志地生产自己最拿手的东西，然后走到一起交换东西，才可称为互通有无，实现双赢。即使偶尔产生矛盾，双方也很难真的动手打架，毕竟任何一方想闹翻，则意味着放弃对方拿来和自己交换的好东西。

在实际的贸易中，草原地区生产牛羊肉、皮毛和马匹等具有比较优势，中原地区则生产茶、稻米、麦子等具有比较优势。如果双方只交换这些完全由地理因素决定的初级产品，也不会有太大的矛盾。所谓各取所需，双方生产的东西在附加值上不相上下。在边疆地区开榷场、做买卖，中原与草原可以在比较温和的状态下实现互惠互利。如果搞得好的话，草原上的各个部落在不用动武的前提下，获得的利益也不少。

既然贸易是大家都愿意接受的交往方式，可为什么中原人没有把贸易变成利器呢？中原地区是农耕文明发达的地区，静态的农耕文明对科技发展比较有利。由于草原民族必须逐水草而居，这种生产生活方式不利于草原地区的文明积累和科技发展。因此，随着时间的推移，中原地区的科技发展水平逐渐把草原地区甩得远远的。以后大家再交易产品时，中原地区贸易的商品科技含量高，其附加值自然也要远高于草原民族拿出的东西。

这时候，即使草原民族看着从中原来的各类精美绝伦的好东西

11

直流口水，但在草原上，如果不弄点高科技，生产不出与之等价的物品，也只能无可奈何。在草原上生存的那些兄弟靠天吃饭，只能眼睁睁地看着从南边来中原的商人那里换回来的东西越来越少。看到这种情形，还能不气急败坏，就太不正常了。

更可悲的是，草原民族对南方地区生产的一些东西形成了严重依赖，甚至到了没有这些东西，就没法活下去的程度。比如，草原民族的普通百姓越来越依赖于南方生产的茶。草原民族平时以吃肉为主，想吃五谷杂粮，草原也不生产，或者产量低不值得去生产，要吃也只能找中原人换。但一直吃肉，也不是啥好事，大家知道，吃肉多了，太过油腻，草原百姓吃完饭，要是不喝点只有中原地带才产的茶，吃的东西就不容易消化，人会经常闹肠胃病，生活质量自然没保障了。当然，这是一种比较普遍的说法，还有两个说法则更有道理。

大家知道，喝茶会让人上瘾的，草原部落上的人一旦喝上茶，即使没有养生方面的考虑，他们也渐渐离不开茶叶了——没茶喝，实在让人难受，以至于到了"一日无茶则滞，三日无茶则病"的程度。更何况，喝茶在中原地区是一种比较高雅的生活方式，被赋予了很多文化意义，而文化水平低的地区的百姓和贵族，喜欢追求文化水平高的地区的生活方式，以满足自己的虚荣心，这应该是草原贵族甚至是草原百姓逐渐离不开茶叶的重要原因。欧洲人也和草原民族一样，曾经不远万里，甚至不惜豁出命，前赴后继，闹出地理大发现这样改变人类历史进程的大动静，主要目的之一无非是跑到中国买茶叶、瓷器之类的东西，其中茶叶是主要的购买对象。从现有史料看,鸦片战争背后的原因,也和茶叶有直接关系,如果把鸦片战争称为茶叶战争,好像不算离谱。

可南边的中原人离开皮毛和马牛羊却也没啥大不了的。比如,没皮毛可以穿棉花做的衣服,照样能保暖,还便宜。更何况,中原人又不是不能生产草原上出产的那些牛羊。如果实在想要,完全可以在自己家的土地上养牛养羊。对这些物产,中原人不靠草原民族也完全能实现自给自足。再说了,中原人饲养技术比起草原部落来说并不差,生产的棉花也完全可以替代皮毛作为御寒之物。在农耕地区,一家一户除了种粮食蔬菜,顺便养些牛羊以及鸡鸭鹅之类牲畜家禽,这都是千年以降农户们日常生产生活的常态。在自给自足的经济体制下,中原地带低端市场并不发达,草原上生产的那些牛羊、皮毛之类的东西,很难大规模进入中原市场,即使进入,也不会有什么赚取暴利的竞争优势。

欧洲人第一次进入中国市场时,其实也面临着这个问题。想法固然好,可当时,欧洲人生产力并不占明显优势,真的拿不出像样的东西让中国人喜欢,没办法,他们只得跑到南美洲挖银子,找合适的地方种鸦片,源源不断地往中国送。否则,和中国人做生意,却要面对长期的贸易逆差,欧洲人实在消受不起。

五

如此一来,即使在主观上,中原人在贸易上的优势尽显。依靠公开的交易规则,经济强国也能把经济结构单一、产品附加值低的草原军事集团压死。这类例子比比皆是，比如美国和非洲国家的贸易就充分体现了这种经济强国欺压经济弱国的态势。

后来，中原王朝竟然还和草原民族玩起了货币战争，依靠自己强大的经济实力和科技水平，使草原民族进退失据。即使这些草原民族占领了中原地区，那些文化精英逃到南方后，也依然能和北边的草原帝国大打经济战。

金朝占领黄河流域之后，与南宋相比，这个王朝虽然很努力，但还是不太善于经济建设。在经济发展上与南宋的差距越来越大，以至于南宋的货币公开地流窜到金朝境内，并成为金朝的硬通货。更让金朝皇帝丢面子和生气的是，金朝地面上的老百姓竟然非常喜欢南宋的货币，认为南宋的货币最好用，也最有价值。

这时候，南宋为了确保自己的货币坚挺，一边发行很多纸币，一边严禁境内的铜铁等金属流出国境。南宋之所以这么做，主要是害怕这些东西会变成金朝的战略物资。懂点金融知识的人都知道，南宋控制住贵金属流向后，仅靠发行纸币，也能以极低的成本让金朝的财富乖乖地主动跑到自己的口袋里。

面对这种危险局面，金朝的兵马即使再精良、士兵再彪悍，即使始终保持对谁都不服的强横姿态，可这又能如何呢？人家宋朝用的是"吸星大法"，掌握着杀人于无形的绝世武功，金人就是想反抗，有劲也很难使得上。为此，金朝硬着头皮吃了很多闷亏。金朝最后被宋朝和蒙古联手灭掉，大概和它国内经济凋敝有直接的关系。

很可惜，南宋也是个专制国家，皇家掌握铸币权，就能发大财，还没人管，可是，一旦对纸币发行缺乏硬约束，纸币就会变成脱缰的"野马",最后在市场上泛滥成灾,币值不断"跳水"。面对这种情况,没有哪个国家是能承受得了的。最终,南宋的金融"长城"轰然倒塌,整个国家也被自己打造的金融政策玩得半死不活。

即使在使用这些经济手段时,偶尔会玩砸,中原王朝只要稍微注意些,从维护边境安定的大局考虑,掌握好度,草原上的老百姓还是愿意配合的。毕竟大家都要过日子,与靠打仗争和平相比,中原人用做生意换和平,既能挣钱,还不伤和气、不死人,也是相当合算的。明朝的内阁首辅申时行上台后,就曾很好地运用过贸易这一武器,对争取北部边疆和平共处的环境发挥出立竿见影的效果。

可是,按照儒学的理论,做生意、搞金融之类的经济活动是件比较丢脸的事,不到万不得已,社会文化精英谁会下定决心去干这种事?在中原的社会主流价值观里,商人是被轻视的群体。经常看通俗小说的人大概都有一种体会:在小说里,那些男盗女娼、偷奸耍滑之类的败德行为,总会被安放到商人头上。商人低人一等,好像一旦经商就算是欠了国家、百姓的大人情似的。其实,朝廷对商人不待见,真实原因大概是皇帝讨厌商人与自己争利,以及商人不好糊弄、不好统治等等。在这样的社会氛围下,中原王朝即使认识到经商是克敌制胜的法宝,也还真的不好意思大张旗鼓地直接使用它。

当然,精英人才和皇帝不愿意公开地去和草原人做生意,还不至于让中原人和草原民族之间的贸易到了没法开展、开展了也没法持续发展的地步。最多因为在朝堂之上,缺少代言人,没人替生意人的福祉说话,以至于解决有些难题不好得到朝廷的支持而已。但是要是朝廷真的认识到和草原民族搞贸易是只赚不赔的边防战略，那么，朝廷也绝对会暗地里鼓励那些自己不待见的商人去做这些事，毕竟与亡国灭种相比，支持商贸发展的代价还是低。

很可惜，中原王朝特别是明朝很少认识到这一点。一直以来，总是认为把物质通过贸易给了草原民族，会把这些粗鄙、暴戾和不讲理的草原民族养肥，万一他们哪天再翻脸，用自己贸易过去的物质反过头打自己，到时可就真的"叫天天不应，叫地地不管"了。因为一直有这样的担心，中原王朝把和草原民族做生意看成权宜之计或者说是使出的羁縻手段，并非发自内心想这么干、需要这么干。这么想这么做，虽然不能说完全没道理，但可以把这个担心当成问题来解决，而不能拒绝面对。

不过，草原民族其实对和中原人做生意也不太感兴趣。草原上的兄弟和中原商人做生意，越做越感到入不敷出，咋看咋像是在被中原人盘剥，感觉自然是憋屈得很。如果在这个时候，他们还会继续和中原人勾肩搭背、互换有无，那可就真的对不起他们的胯下马、手中弓、鞘中刀和马上功了。这么看，用武力抢商品，也算是草原民族发挥比较优势的做法。

实践表明，这么做虽然不文明，但很实惠。再说了，草原军团一旦找到了一个还算是说得过去的开战理由，气愤异常地带兵杀将过去，逼着中原人坐在谈判桌前，这时候，再赤裸裸地向他们要好处，设定有利于自己的贸易规则，也是相当合算的策略，付出的战争成本不高，还能有很大的实惠。当然，如果幸运的话，中原王朝家里遇到了难事，一时摆不平，或者出于其他什么原因的考虑，还可能答应草原民族年年来中原"朝贡"的合理要求,那么,草原民族以后年年都可以面带微笑,大摇大摆地来向中原王朝要各种好东西了,顺便还可以旅游。如果中原王朝管得不太严,一些草原来的达官贵人们,以朝贡使团的名义在中原地区的"好去处"停留一年半载甚至更长时间,也是完全可能的。

至于说朝贡是不是很丢脸,草原民族不像中原人那么在乎,只要好处足够多就行了。如果在边境场上做生意,因为有武力保障,草原民族也很容易争取一些偏向于自己的权利。事实上,到后来打打杀杀就成为草原民族扭转自己在经济领域不利局面的主要手段,也可以说是唯一手段了。

如果很不幸,大家生活在了小冰河时期,全球气候变冷,本来在草原活着就不易。这时候,这些草原民族生产出的牲畜还不够自己吃的、用的,这些兄弟更拿不出多余的部分来交换。为了活命,一般而言,他们就顾不了那么多了,反正在草原待着,最后也是活活饿死,大家自然愿意成群结队地来找中原人索要过冬的棉衣、棉被和口粮,或者要求归附。如果中原人不给东西,也不答应人家过来和自己一起生活,草原人就能很快集聚起一支武装队伍,直接杀向中原,然后,赖在中原就不走了。那意思,反正回去也是死,不如死在这里,死前还能吃顿饱饭,而且还暖和。

六

明朝很在乎修长城,完全是因为它的边疆策略就是要拒敌于国门之外。明成祖朱棣之后，明朝军队再也没有深入草原，而是出现了一种挨打的姿态。后来草原军团对明朝这种不合作的态度是相当恼怒的，不断派出军队，寇边犯境。

明朝对草原军团整体态势上就是你来打我就顶。至于草原部落，想来朝贡和开榷场，希望能从明朝这里换点好处，如果明朝觉得还能打下去，对这样的要求是嗤之以鼻的。

朱棣还在的时候，也觉得打不是唯一的办法，明朝政府便开始跟草原部落做生意。不过，可不是和所有部落做生意，而是仅和兀良哈这个部落做。这个部落以前帮过朱棣的大忙，算是有旧交情。不过，这也只是明朝给出的表面理由，而真正的原因还是想让兀良哈的部落为明朝在草原上继续出力，牵制那些不听话的部落。

在朱棣死后，明朝君臣也没有实力和草原过不去了，因此也就不再想着整日里盘算着越过长城和草原军团打攻防战。

明朝君臣打开朝贡这个渠道，让除了兀良哈以外的部落以低明朝一头的番邦身份向明朝汇报工作，同时给他们机会来表达对天朝上国的无比崇敬之心。和过去历代来朝贡的先辈们一样，草原民族的使团来的时候当然不能空着手，肯定要带点儿土特产，不过走的时候，明朝也不好意思让他们空着手。这么看，这种朝贡制度实际上就是一种不放到桌面上的贸易。可这种方式却仅仅能让草原部落的贵族们受益，普通百姓的受益很有限。大家知道，能参加朝贡使团的人，都应该是有头有脸、有钱有地位的草原贵族，到明朝转一圈，得到的东西不是绫罗绸缎，就是金银玛瑙，或者其他草原上根本产不出且是高附加值的东西。很难想象，草原贵族会带回去很多草原上普通百姓喜欢且日常使用的东西,这些东西附加值低,还不好运输,这些贵族怎么会如此不辞辛苦呢?

其实,如果草原上这些贵族能有点自律精神,这种朝贡的贸易方式也是能维持的。大家都心照不宣,你拿你的好东西,我要我的和平,各取所需,相安无事,这也是很好的局面。但草原上的贵族没有控制住自己的欲望,或者说,他们觉得明朝稀罕和平,边疆守备也没以前那么到位,因此绝不会有胆子和自己闹不愉快。

瓦剌首领也先成为草原上的"带头大哥",逐年增加来明朝朝贡的使团人数,惹得明朝君臣极为不满。大太监王振看不过去,命人克扣按惯例应给朝贡团的回礼。也先在朝贡团回去后,看到带回来的东西少了,极为恼怒,派出三路大军,攻打明朝的边关。看当时的架势,三路大军都是冲着明朝都城北京而来的。但实际上攻打的目标都是没有防御力量的城市和乡村,明眼人很清楚,这种要把事闹大的举动明显是想用杀戮和劫掠方式表达自己的不满,让明朝以后老老实实地落实朝贡制度。

但这次不小心玩大了,瓦剌首领把明英宗朱祁镇抓到了手里。本来以为抓住一个宝了,哪里想到人家明朝根本就没有妥协的意思。当瓦剌把朱祁镇恭恭敬敬地送回去后,厄运马上降临到了瓦剌人头上。在草原其他部落看来,瓦剌这次威信扫地,把象征性的武力威胁搞成货真价实的灭国之战,还陷入进退失据的境地,玩阴谋玩成这水平,实在不配继续赖在"带头大哥"的位置上了。

当然,这并不是瓦剌和也先被大家"吐口水"的主要原因。关键是草原和明朝彻底闹掰,明朝又是一个对犯过错认了错的人不待见的主儿。也先想把脸一抹，希望明朝就当之前的事是个误会，但这对明朝廷来说还真不容易做到。

本来也先仗着自己和明朝关系不错（尽管是表面上的），还能以代理人身份，招呼其他部落参加朝贡团，以此树立自己的江湖地位。可也先把明英宗朱祁镇送回去后，睚眦必报的明朝不把也先活吃了，就已经算是克制了，作为猎杀名单的第一名，明朝又如何能给也先召集的朝贡团好处呢？而没了明朝的好处，草原上其他部落还有什么动机非要跟你也先以及瓦剌人混呢？

土木堡之变、北京保卫战之后，草原陷入乱战，也先被杀，瓦剌从此没落，逐渐退出历史舞台。明朝以保持沉默的方式，不用费劲就让草原自乱了阵脚。

七

草原上的贵族因为没控制自己的欲望而把事情搞砸。按说他们忽悠草原上的百姓们去打明朝，总不能仅靠一张嘴说大道理吧。再说了即使想说，总不能说明朝那帮混蛋不让咱们老爷们穿金戴银了，所以，大家即使把命搭上，也要出这口恶气。可是，现实却是草原上的老爷们很容易忽悠牧民们弃牧从军，也很容易激励大家拿起马刀弓箭，奋勇地冲向长城。

在以前的朝贡过程中，草原上的普通人从中得不到好处，可如果能在边境开榷场，老百姓也就能得实惠了。可是中原王朝不答应的话，越过长城去打劫，虽然是费心费力爬墙头，到人家地盘上杀人放火,也很危险,而且即便如此,也抢不到多少值钱的稀罕的东西——谁也不会把家里值钱的东西放到院墙根儿吧。但他们总是能抢到汉族人吃不完的粮食、穿剩下的衣服,对于大多数草原上的老百姓来说,这些东西显然也不是通过自力更生就能得到的。仔细算起来,去打明朝也是很合算、很实惠的。

黄金家族的后裔俺答汗当上可汗,他在位的四十多年里,入侵中原就是他每年必做的事,积极性之高,打劫的频率之大,可以说是开创了新纪录。俺答汗应该是草原军团打明朝这一事业上的集大成者。他这么卖力地去挑衅,目的无非是上面说的,压迫明朝政府乖乖地恢复朝贡体制,让草原贵族过上更好的日子,另一个目的则是逼迫明朝开放边境贸易,让草原的老百姓也能过上好日子。只是他最终也没有实现这两个愿望。

当朝贡搞砸后,在边境开展贸易也就更没有指望了。在土木堡之变后的百年中,明朝和草原军团一直处于很紧张的状态。见面就骂,骂完就打,这是双方的主要交往方式。草原民族失去了稳定而合法的收入,也就很难出现哪个有钱的主儿把草原部落统一起来——没钱又没好处,谁会向你献出忠心呢?

在那里当头儿很难受,带着大家打吧,成本高,收益少;不打吧,明朝更不会给出任何好东西。草原部落陷入了非常被动的境地。这时候,所有人都看出来尽管这些草原军团不停地挥兵南下,表面上是满脸横肉、嚣张至极的样子,其实内心虚得很,巴不得盼着明朝给个好脸色,打开榷场和朝贡的大门,哪怕搞其中一个也是好的。

明朝君臣坚持向草原示强,倒不是因为他们的基因谱系里好勇斗狠成分的多，而是害怕一旦打开贸易之门，把北边的草原军团养肥，再培养出一个成吉思汗，使自己再一次经历亡国灭种的苦痛。当然，明朝也知道，没有"戚继光"，仅依靠长城在北部孤单地存在着，是万万不行的。只是当"世间已无张居正"，自然也就没了张居正慧眼发现的戚继光了。因此，围绕长城的边患问题让心知肚明的明朝纠结得心碎一地，北望草原，戚戚然中无奈而恐惧。

岁月流逝，大家苦撑到了1571年，这一年，明朝还是首先表示顶不住了。

从1480年到1572年，明朝的边防经费不断地打着滚往上翻，军费涨了5倍多，可养出的军队却越来越不成样子。看意思，如果不改弦易辙，明朝就又要走上宋朝的老路了。国家好不容易征上来的税收大部分要被边防上的大兵们吃了，明朝皇帝和文臣们最终也会像宋朝一样沦为边疆守将们的"打工仔"。当然，最可怕的是当打工仔的日子也最终变成一个奢望。指不定哪一天，草原军团一激动，豁出命不要，又搞出一个灭国之战，实在让人不敢设想后果。

既然顶不下去，1571年，明朝也不敢再对封锁长城边的贸易那么坚持了，咬着牙狠着心和草原部落签订了贸易协议。既然松了口，大家就好说了，边疆战场上从此就消停多了。可是，看过黄仁宇《万历十五年》的人都知道，万历皇帝正是在两年后登基的，十五年之后，在万历皇帝的带领下，明朝进入了一种半睡半醒的状态。之所以是说是半睡半醒状态，而不是昏睡状态，也是有原因的。毕竟在万历朝，有过"三大征"的丰功伟绩，对内对外明军也不是怂得一塌糊涂。不过，看在万历皇帝几十年如一日不上朝的份上，大家总不能说明朝睁着眼混过万历朝吧？

可是，这时候东北却进入了觉醒的前夜。1574年，努尔哈赤的外祖父王杲被老奸巨猾的李成梁误杀，这一年，努尔哈赤已经十四岁了。在明朝和草原军团和解后，巨大的祸端悄然来临了。几十年以后，中原和草原都成了历史的配角。而在1571年的时候，他们对自己最终的命运其实毫无知晓。

明朝虽然下大力气修了长城，也和草原民族真真假假、时有时无地做生意，二百多年后，其实最终也没闹出一个和睦相处的结果。后来，还是被以牧猎为主、以耕作为辅的清朝抄了后路。

清朝入主中原后，不存在修长城的问题，长城内外都是他的地盘，草原上的民族都成为华夏民族大家庭的一员。围绕修长城还是不修长城的问题，纠结了二千多年，这时候算是没人再提了，也无须再提了。

扫一扫收听本节音频

都是水惹的祸

一

中原人和草原民族之间的冲突,是不能指望长城来解决的。用送好东西和贸易手段,也因为受到客观原因的影响,在实际操作上很难有明显成效。从表面上看,中原和草原的冲突是不可调和的,或者说,两者之间的矛盾是个死结。但如果从大历史观出发,又让大家觉得,双方虽然没少打架,但打着打着,一旦走到一起来,互相渗透,互相融合,时间长了,大家不知不觉中逐渐忘掉当初互相横眉冷对的不友好,甚至你死我活的敌对关系。

往根上说,除了生活场景不一样以外,在基因、情感以及长相上,草原上的人和中原人都是非常相似的。即便抱着吹毛求疵的态度找到一些细微差别,但也不至于让双方一致认为两方的百姓一个是水做的,另一个是火做的,水火不容,一旦不幸相遇,要么我把你烧干,要么我把你浇灭,反正是不共戴天,只能死一个,活一个。但实际情况是,如果用时间来衡量,草原和中原之间的对立或不信任的紧张关系要远远长于和平与亲密的融洽关系。

现在回过头看,如果当初遇事后,双方本着和平友好的美好愿望,愿意坐下来商量双方的争议,把自己的想法摆在桌面,多讲利弊,少讲对错,多讲长远,少讲当下,多讲曾经的美好,少讲过去的恩仇,多从经济利益考量,少从政治权力考虑,很多战争或者争斗则完全可以避免,或者说,即使爆发,也不至于打得昏天暗地,甚至付出几代人的生命。

很可惜,大家认识到这一点,是到了很晚近的时候。

在古代,中原人从骨子里总是看不起来自草原的兄弟姐妹。如果仅看由中原人书写的正史或者各类野史,很容易形成对草原民族的负面评价。

秦汉以降,在历代中原王朝锲而不舍地推崇之下,儒家学说中那些做好人、做完美的人的诸多标准,已经深入社会生活的各个层面,成为主流价值观的重要组成。在中原地带,希望成为受人尊敬的人,认真研习和勤加实践这些标准是必不可少的。某人想成功地跻身于庙堂,或者安全而有前途地混迹于江湖,在各种场合中表现出"温良恭俭让"的君子做派,不但必要,而且必须。

但是,北部草原上来的那些兄弟不管出于何种动机,来中原打家劫舍、抢钱抢粮的多,讲友好互利、平等贸易的少;杀人放火、不受招安的多,哭诉哀求、要求当顺民的少。中原人即使和他们讲道理,他们要么不听,要么假装听,即使听,也是经常做出那些"说了不算,翻脸不认人"的土匪行径。价值感差距太大,中原人实在没法喜欢他们。

在早期的中国史中，中原人就对北部的草原民族没什么好感，这充分体现在给他们起的名字上来。比如，很久以前，草原民族被中原人称为"獯鬻"，"獯鬻"指的就是一种没有开化的"糊涂虫"，商代，他们被中原人叫成"鬼方"，类似于在荒山野岭里出没的鬼魅。西周，他们被命名为"猃狁"，这是一种丑陋的长嘴猎犬。在春秋早期，草原上的人被称为"狄"，有时候也被混称为"戎狄"，都是对北部和西北以游牧为生的草原民族的统称。大概在公元前3世纪左右，中原人终于给他们起了一个还算是比较正式的名字，叫"匈奴"。从春秋战国开始，直到大夏国的统万城被夷为平地，在中原人写的史书里，草原民族头上一直顶着"匈奴"这个蔑称和中原人打交道。

二

在中原人看来，北部草原民族的价值观和自己完全不同，自然很难看得惯他们生活、做事和思考人生的方式。在大部分时间里，即使北部草原地带已经不知道换了多少人当家做主了，但中原人依然在很多正式或者非正式场合，称呼他们为"蛮夷"，或者"北蛮"。千年以降，丝毫没有弱化的意思。

中原人对草原的很多风俗是缺乏认同的，比如，草原上，哥哥一旦死了，活着的嫂子则可以毫无心理负担地嫁给丈夫的兄弟。而最让中原人不可理解的是，在草原民族内部，领导人的诞生和国家的组织方式显得没有文化内涵，与儒家经典的规范性要求相去十万八千里。

按照中原人的文化习俗，担任国家领袖的资格一般是靠个人的德才兼备，或者祖传下来的，不是靠抢或者耍阴招就可以得到的。即使明明是靠力气和阴谋夺得天下，但等到开国皇帝荣登大宝时，还需要编出一些阴阳五行之类的理论学说，证明开国皇帝如何顺天地应民心。这当然不算完，对于篡权这种系统性极强的项目，还需要做很多积极主动的工作。项目开始前，需要编撰出一些不得不为之的理由。比如，向大家告知在位的皇帝是昏庸透顶的傻子，当咱们的君父实在丢大家的人，或者皇帝是嗜血的杀人恶魔，将来上天怪罪他时，大家也会跟着遭殃。在喊出上述豪言后，有心篡权的各色人等才敢于喊出"替天行道""我不下地狱谁下地狱"的口号，带着拥趸们冲进皇宫，把皇帝的脑袋砍下来，或者假惺惺地把皇帝请出皇宫，随便给他一个地方、一个封号和几个丫鬟、男仆，让其终老一生。当然，有时候，或者在多数时候，谋逆上位者的地位非常稳固后，其心理也不踏实，或者一时兴起，或者处心积虑，找个由头，或者找人制造一个自然死亡的场景，让自己的"前任"在自己有生之年重新投胎做人。

即使干完谋朝篡位的这种大逆之事，下一步，他还需要躲在一个犄角旮旯里，或者最起码找个不方便大家一下子就能找到自己的地方，表示自己弑君是为民造福，而非为己牟利。稍微有点脑子的人当然不会相信，他真的想做好事不留名，希望以自己一条命换来天下繁荣、百姓安乐。但篡权者也还是要以防万一的，防止天真的百姓真的相信自己编出来骗人的鬼话，更要防备那些和自己一样不怀好意的人趁着自己表现善人之德和圣人之行的时候假戏真做,把自己用命换来的政权攫为已有。

为此,他还需要暗地里找些自己的铁杆粉丝,带上头脑容易冲动的人,让他们找到自己,跪地号啕,劝他不辞辛苦地再次出山,告知他被他感动得心碎的广大百姓正在渴望他继续拯救。如果一些真的被此情此景打动的"愣头青"做出了用头撞墙的自杀状,那就更完美了。这些仪式性的动作做完,大家自然会认为,即使他最后出来当了皇帝,好像也是极度委屈的,甚至给人的感觉是大家在害他,而他则抱着"替大家下地狱"的悲壮之情才坐上了这个皇帝位。

在中原历代王朝,除了蛮横地带兵杀入旧国都的雄霸之主外,那些逼人家主动让位的各色人等,在荣登大宝之际,推辞谦让的动作是一定要做的,而且在面子上还需做得非常逼真,同样的动作和话要反反复复,以至于到了让人烦、让人厌的地步方才罢休。即使是靠兵戈夺得人家皇帝位的大佬,即皇帝位时,也还是需要做一些悲天悯人的动作,以一种非常苦逼的表情,表达出干上皇帝这个工作的无奈。只是履行仪式时,显得更简单干脆,没那么婆婆妈妈而已。唯有如此,新政权来到人世上,才会显得合情、合理、合法、合乎天道,掌控天下时的自信心也才能一贯始终,直到被后来更加自信的政权打倒为止。

在草原,大家认为,一个人能当上领袖,主要是因为他的阴谋和力气结合得完美至极,让大家佩服,在这一点上倒和中原王朝没什么本质区别。大家也理解,不管是在草原还是在中原,一般人自然都非常愿意跟着有能力、有魄力、关心大家福祉的人在一起。只是当中原和草原的文化交融还非常粗浅时候，在草原上，当领袖的合法资格以及"上位"的过程过于依赖赤裸裸的暴力，连遮羞布都懒得用，显得缺乏文化层面的内涵。

大概在秦二世元年，这时候在中原陈胜、吴广正在闹起义。在草原，冒顿单于为了当上草原的盟主，带着自己训练出来的亲兵卫队，当着大家伙儿的面把老爹头曼单于给射死了。之后，他坐上了老爹空出来的位置。

在中原人看来，冒顿单于杀掉自己的父亲，是犯了大逆不道的不赦之罪，理应被牢牢钉在耻辱柱子上，永不得翻身。按照儒家观念，任何人都可以冲上来，以大义凛然的姿态把这个弑君杀父之人以任一方式给灭了。即使当时没人敢这么干，但这个在大家眼里的罪人在以后的统治岁月里也总应该想法子，像唐太宗李世民那样，把自己那段不光彩的历史给漂白了。不过，既然身在汉朝的司马迁写《史记》时都能如此这般地记载这次夺权过程，看来，人家冒顿单于以及他身边那些人根本没怎么下功夫粉饰或者掩盖这次血腥的政变。

但是，按照史书的记载，我们并没看到当初跟着头曼单于工作的大臣们对冒顿有什么太大的不满，以及跟着他继续工作有什么太大的心理障碍。大家伙儿在老单于死后不久，很快团结在冒顿单于周围，继续雄霸草原，先后打败东胡人和月氏人，然后开始南下打劫汉朝。其中有一次，甚至还把刘邦围在平城附近的白登山，差点把在中原好不容易折腾出来的新领袖以及支撑汉朝立国的精锐给全歼了。

汉朝的名臣贾谊认为，中原为上国，文化超拔，文明卓越，而天下边缘地带则粗鄙不堪,对天朝上国只能仰视,不能平起平坐。因此,对匈奴的侵扰,要坚决给予更大力度的回击,而妥协则是对中原上国的极大羞辱。这种说法和想法显然属于文化、文明层次上的自我陶醉,想当然地认为文化决定实力。然而,面对如狼似虎的草原军团,以及国内虚弱不堪的经济、羸弱的汉军和条块分割的国内政治格局,汉文帝并没把这类自信满满的话当回事儿,还是本着实事求是的精神,放下身段,对匈奴以礼相待,以极大的努力来满足匈奴各种明显贪得无厌的要求,包括那些明显在扇汉朝耳光的要求,也拿出足够的耐心和诚意与匈奴周旋,但求边境平安和面子丢的少一些。结果还是不错的,文帝以及他儿子景帝在有生之年,争取到匈奴给予的"成色虽不足,但还说得过去"的和平。

三

在冒顿单于之后,草原上的领导人继承制度逐渐有了相对稳定的规则,总体上看,在外部压力大的时候,大家心照不宣地支持兄终弟及的传位制度。理由很简单,不管是来自天灾的压力,还是南边中原王朝的咄咄逼人的进攻,大家还是愿意跟着社会阅历丰富、工作经验成熟的人同甘共苦,一起对抗外部压力,谁也不愿意和年龄小、经验欠缺的年轻人创业,这是人之常情。特别是老单于死了,儿子还过于年轻,不像老单于的兄弟那样曾经独当一面,也曾经带着一帮兄弟,在战场上真刀真枪地厮杀过,鉴于此,大家就更不愿意支持父子相传的继承人制度了,跟着一个小孩去干刀头舔血的事,确实让人心惊肉跳。

公元前126年，军臣单于死了，他的弟弟伊稚斜打败单于的太子於单，导致於单逃到汉朝。但伊稚斜此后得到了草原部落的支持，并没有因为他的强势被大家共愤。现在看来，这倒不能简单地理解为伊稚斜众望所归，所以，血腥夺权还能安全着陆。真实的原因若是不支持他上位，草原上的骄兵悍将们非常不踏实。

当时，汉朝对匈奴正在重拳出击，匈奴人被迫疲于应付，而伊稚斜在成为单于之前，作为左谷蠡王早已独当一面，能力和手上掌握的武装力量是有目共睹的，跟着他干，自然是令人更放心一些。而老单于的接班人大概长期跟着老单于，即使打过仗也只能听命于老单于，或者跟着主力部队混成功经验的，所得到的战功和抢来的好处，也主要用于为老单于脸上贴金，独立自主的作战机会其实并不太多。作为单于的备胎，在老单于活着的时候，不太可能完全掌握一支实力强悍的军事力量。毕竟，王储对单于的威胁之大，也不容得老单于不认真防范。经过大家的仔细思量，草原部落贵族们推举伊稚斜当大单于，抛弃掉老单于的大儿子於单也就合情又合理了。

不过，在一般情况下，老单于的儿子们对大位旁落的事并不会善罢甘休。作为老单于的血脉，老单于归西后，一旦外部压力相对减弱，再加上老单于对儿子们有所偏向，当年跟着老单于的一部分股肱之臣也还是会支持老单于的血脉的。因此，在草原上，出现老单于的儿子和他的兄弟共同觊觎最高权位，甚至老单于的儿子最终胜出的事，也是很常见的。

在匈奴以后的草原民族内部，经常出现老皇帝、老单于或者老可汗的儿子和他的兄弟争夺汗位或者皇位的问题。与中原王朝不同，这种争夺好像都很符合法理基础。因此，面对兄终弟及还是父子相传两种制度，草原民族受制于上天和现实的压力，在选择上不得不左右摇摆，始终无法做到一以贯之。虽然在继承制度上，匈奴以及之后的若干草原民族都显得不清不楚。而最让中原人无法理解的，是草原帝国内部的组织形态始终难以依靠制度体系维系，很难从原始的暴力系统中脱身。既然是依靠赤裸裸的暴力系统维持统治基础，那些嘴上说拥护大单于或者大可汗威严的各个草原贵族们，以及大大小小的部落头目们，对单于或者可汗的忠诚度以及忠诚的来源，则和中原王朝不太一样了。

中原王朝重视法统和制度体系，一旦皇权的合法牌照拿到手，他们即开始着手建立组织内部的制衡体系，并锲而不舍地推行从上至下的教化。前者把各路实权派推入可控的权力的泥沼里，使其难以独大，避免皇权之下出现"类皇权"的组织形态。后者使广大贵族和百姓从娘胎里出来后，就树立起一种观念，这就是"皇帝是比父母还亲、比上天还厉害的角色"，"爱皇帝、爱皇权是天赋的使命和责任"，"谁不爱皇帝，谁不打心眼里热爱朝廷，谁就是天之弃子，人人得而诛之"。类似的观念和思想教育持之以恒地展开下去，使广大皇权治下的百姓们从思想深处逐渐根除掉"有奶便是娘"和"拳头决定论"的坏思想。因此，即使在皇权式微之时，总还是有一些忠臣良将为要死的皇权尽一份发自内心的忠诚，哪怕已经到了无力回天之时，甚至还会有一些人为皇权殉节。因此，在中原王朝，即使有小皇帝登基，如果不是到了皇朝油尽灯枯之时，仅靠法统思想和皇权制度保驾护航，也能确保江山不易主。

而在早期草原上，这类事显得非常稀缺，极为罕见。幼小的皇位继承者始终面对着叔叔大爷们的夺位之忧，或者说，幼小或者实力不济的继承者就根本无力也没有机会登上皇位。后来，草原民族因为统治者年龄过小，或者根基不稳，导致的内讧实在是太多，损失也过于惨重。为了解决这类问题，草原帝国从中原王朝那里学习了一些政治管理制度和经验，算是缓解了这一问题。

草原民族选择这样的不稳定的权力继承制度，也是有道理的，并不是他们喜欢这么干。谁不希望大家都能生活在一种稳定的价值观和社会共识之中，不用打架就能解决很多分歧呢？大家知道，草原上的食物链是非常脆弱的。农耕民族虽然也是靠天吃饭，但最起码还可以修些水利设施，在一定范围内抵御一下天灾，减少损害。可是靠游牧生活的草原民族，除了靠换地方这种简单的方式躲避灾荒，几乎没有其他好办法与天地斗法，以谋求相对主动的生存姿态。

既然对老天大家是没什么好办法，草原上的兄弟们也只能按照大自然赋予的丛林法则，靠拳头说话，在恶劣的争斗中，开展没完没了的窝里斗。通过豪取抢夺，攫取其他族群的地盘、食物和女人，以获得更广阔、更有安全感的生存空间。在争斗中失败的那拨人，要么跑得远远的，去欺负其他拳头不如自己硬的族群，其中也包括南下打中原王朝的族群；要么整个被其他族群给吃了，从此改头换面，换个族群活下去。通过这种兼并重组，某一个草原族群越来越大，以至于敢于握起拳头，主动攻打中原王朝，逼着中原给好东西，或者开榷场贸易。除此之外，那些没有走上述两条路的，则都已经被老天给强收了。

说实在的，没有足够的使枪弄棒的力气以及关键时刻豁出去的精神，在草原上还真的很难活下去。在这种生活环境下，如果想成为草原之王，不用说，肯定是武功高强、战力超群之辈，特别是那些管理能力强、关键时候敢下狠手和判断形势比较准的主儿，这样的人更容易赢得大家的信赖和追随。在草原上，那些大大小小的部落首领们和各色贵族愿意跟着大单于和大可汗东征西讨，干些杀人越货和抢人家财的勾当，无非是因为大单于和大可汗所在的部落足够大、打仗的能力足够强，组织力也非常了得。说实话，与被上天逼迫、被同类欺负相比，那些实力不济的小部落投靠个头大的部落，给人家当马仔，姑且不论没有尊严和自由，在草原这种恶劣环境下，如此为之，总好过死得难看、活得艰苦吧。

当然，草原上的老大也不是天生的善类，他接纳人家的依附和投靠，也不是因为宅心仁厚、同情心泛滥，更不是出于维护世界和平的伟大宏远，或者说，对世界秩序有一种理想主义的坚持和追求。相反，大单于、大可汗也是为了自己活得更顺心舒坦，才不怕麻烦，当了"带头大哥"的。

一个原因自然是当大家的老大会得到极大的成就感，人生一世，草木一秋，活的时候很受人尊敬和奉承，怎么说都是值得努力争取的目标。另一个原因，也是因为有这么多人拥护，大单于、大可汗在吃穿用度上会很方便。要知道，那些投靠大单于或大可汗的各个部落，除了加入团伙时交上必不可少的"投名状"外，还要随时听从大单于、大可汗的调遣，平时也要缴纳些保护费。而从中原抢来或者要来的各种好东西、好物件，也是要由大单于、大可汗先挑先选，剩下的才会在大单于、大可汗允许下转给各个部落分而用之或食之。

不过，大家也都清楚，当大哥表面上确实风风光光，但这种风光背后也需要承担巨大的压力和责任。当上大单于、大可汗，除了协调草原上各个部落之间的摩擦或矛盾外，更重要的是必须承担起巨大的义务和责任，以提高草原上所有部落的生存能力，改善大家的生活质量。要很好地尽这些义务，承担起这些责任，一个方法当然是努力生产，革新生产工具。可这个方法对草原民族很不划算，实施起来，投入产出比非常低。草原的脆弱生态和恶劣的环境不允许大家沉下心发展生产、思考人生。对革新、创造这类高难度工作，实在没有足够的粮食、精力和时间予以保障。另一个方法，则是去富裕的中原抢，或者拿数量不算多、质量也没保障的物品和中原人换。如果去抢，则大单于、大可汗就是整个草原的军事统帅，或者说土匪头子，抢来东西后，按照功劳大小，给大家分下去。如果去和中原人换东西，则大单于、大可汗就是整个草原的总经纪人，换来的东西如果物有所值，则每个部落欢天喜地。如果和中原人换东西，总是吃亏，或者被中原人欺负，那么，大单于或者大可汗则马上切换成抢劫模式，继续从中原"搬"东西。

总之，不管是换东西，还是抢东西，大单于、大可汗都必须给大家一个不错的回报。如果做不到这些呢？大单于、大可汗则很难继续干下去了，草原上的组织体系也会暂时解体，直到有能力干下去的新单于、新可汗出世为止。

如果仅仅是有些部落在战争或贸易中没有得到足够好处呢？这

些部落会毫不犹豫地带着整个部落离开大单于、大可汗的统治区域，再换个地方生活。从本质上讲，草原帝国是一个联盟组织，即使到后来，像辽国、金朝、蒙古等草原民族建立的国家，已经深受儒家文化影响了，但在骨子里，国家始终保留着联盟组织的基因。

这样看，分布在广阔草原上的各个部落很像一个个狼群，他们组成了一个个更大的狼群，这个狼群叫作匈奴也好，突厥也好，都无所谓，本质上都非常类似。在狼群中，头狼必须具备孔武有力、狡猾多端和管理卓越的特点。大家跟着它，协作作战，围猎捕食，那些弱小的、能力不全面的仅仅需要发挥自己的比较优势，按照头狼的指示，干好自己分内的事，就能通过狼群这个组织获得足够自己活下去的食物。对这些狼而言，当头狼的跟班和手下是很不错的选择。

但是，如果头狼受到来自后辈的挑战，一旦在一次决斗中被打败，他就只能灰溜溜地让出狼群头领的位置。而其他那些狼们马上会毫不脸红地跟随新头领。头狼为了防止自己及其狼群被其他狼群灭掉，自然会尽心尽力地完成自己的使命，壮大自己的狼群，最大限度地保持自己所在狼群最强的战斗力。现在看来，在草原，大家崇拜狼，尊崇狼的精神，就是信奉这种丛林法则下形成的狼的精神，把狼作为图腾自然也就不奇怪了。

中原人特别是到了北宋时期，按说和草原民族打交道的时间不算短了，不能说不了解他们，但北宋以及以后的明朝和清朝的汉人士大夫，哪怕被这些胡人打得没有还手之力，或者当了人家的臣子，从骨子里还是看不起那些来自草原以及东北地区来的人。

我们当然也理解，一个充满暴力语言和气质的族群即使征服了文明社会的组织和人群，但很难征服文明本身，自然很难被文明社会真正接受。而草原民族其实心里也是清楚的，他们对中原人有意表现出来的蛮横，也许可以被看成一种文化不自信的表现。

四

根据现在的史料看，在战国和秦朝，活跃在北部草原的匈奴就已经很成气候了。为此，秦国、赵国和燕国在逐鹿中原的同时，不得不抽出大量精力，拿出海量的资金，到北边修长城，派出强悍的军队，防御匈奴的侵扰。其中，赵国因为和这些草原民族长年累月地打仗，为了在战场上不吃亏，到了赵武灵王当政时，还改革了本国的军制和作战样式，后世称之为"胡服骑射"。胡服骑射改革之后，赵国的骑兵部队成为战国时期的一支劲旅，和北边的草原民族打，几乎不落下风。而和中原群雄争地盘，也是气势汹汹，占了很大便宜。

可是，"胡服骑射"的改革，可不是赵武灵王在深入了解草原文化的基础上执行的，而是本着实用主义原则，就事论事搞起来的改革。目的非常简单，一方面，在战场上改革后的赵军拥有与北部草原相似的作战能力和范式，提高骑兵作战效率。如此为之，和匈奴人再作战，是不是就一定能打赢？这个暂且不论，最起码不会吃明显的亏。另一方面，通过这种形式的改革，把草原上的尚武之风引入赵国，扫清赵国贵族文化中的孱弱之气。最后，则是吸引草原民族加入赵国，增加赵国的兵员数量。

秦帝国建立后，秦始皇也不能不耗费大量人力物力，把战国时期北边的秦、赵和燕修的长城串起来，还派大将蒙恬和儿子扶苏率领秦帝国的第一主力，长年驻守在长城边上。当时，秦帝国十分警惕匈奴，给人的感觉是，匈奴雄踞北部，时刻准备灭掉秦国。在秦朝末年，也不知道从哪里蹦出来一句"亡秦必胡"的谶语，弄得上层建筑没少做噩梦。当时，很多人很相信，这些草原上的胡人，也就是匈奴人，早晚会成为杀掉秦帝国的元凶。

不过，从史书上看，秦末战争期间，匈奴人并没有因为看到中原地带闹得鸡飞狗跳而跑过来趁火打劫，占点便宜。相反，好像很仗义地"作壁上观"。等到刘邦的汉朝建起来了，才跑过来和中原人打了一仗。因此，后来一些好事者认为，秦二世胡亥做了很多找死的动作，把偌大的秦朝家业瞬间折腾光了，跟人家匈奴人没半毛钱关系。所谓"亡秦必胡"里的那个"胡"是指的胡亥，而非胡人。历史总是充满了吊诡之处和无法解释的巧合。仅从这点看，我们就可以断定，中原人当时是非常不了解、也不理解北部匈奴所思所想的。双方缺乏达成有效沟通的文化共识和支撑思想交流的文明基础。

在草原，生态环境是相当恶劣的。在那里生活的人必须带着财产到处流浪，两伙人偶遇到一起，刚刚算是熟悉了，敌意也开始淡化了，却又因为活不下去而不得不分开。可以想象，在这样的场景里生活，肯定限制了大家交流的深度。而缺乏高密度、持久性的交流，则很难形成比较一致的思想认识。因此，打架成为说理、摆平事的主要方式。现在看来，草原各个部落之间征战不休，还真不能怪他们喜欢打架，而是真没条件在一起和平共处。

而在中原地带，大家生活依靠农业，通过耕作土地填饱肚子，只要天气不坏，不需要到处游走，便可解决温饱问题。大家知道，在农耕地区，赖以生存的土地不会随便变动，农民长期生活在一起，因此，在一起交流的时间非常长。所谓远亲不如近邻，就是说近邻对一家人的文化、生活的影响，要远远高于在血缘上有关系的亲戚。长期生活在一起的农民们，所依赖的生活资料和生产方式是一样的，在本质上对生活的态度以及为人处世的方式也不会产生太大的不同。随着岁月的流逝，不同人群之间在价值观上逐渐同质，文化认识上也趋于相似。

即使对某个问题的看法有分歧，为此还产生了不小的误会，但也能参照农耕文化中约定俗成的制度和风俗，不用完全依赖拳头，仅仅靠坐到一起喝杯茶，以温文尔雅的姿态就能解决那些在草原上需要流血的争端。当然，这并不是说在中原地带解决争端能够完全摒弃了拳头，而是说因为价值观的底色一致，即使大家因为不小心或者其他什么不得不为之的原因，在一起打得昏天暗地，甚至延续几十上百年。不过，一旦都感觉累得支撑不下去，或者说，人死得实在太多，土地等资源已经完全够那些还没死的兄弟们享用了，大家打架的动力变得明显不足，这时候新的制度和政府组织在大家齐心协力的拥护下，自然而然也就诞生了，并能很快统一整个中原地区。而这一政府组织如何运作、国家的理念应该是什么，虽然各个朝代都有些差异，但基本模样却也具有高度的相似性。从此，在农耕地区打了很多年仗的兄弟们，在以后的日子里逐渐忘却恩怨，洗心革面，在新王朝下，繁衍生息，幸福生活。

从中原和草原的斗争史看，按说两个地区也算是近邻，双方尽管没少签停战契约，说好了以后和平相处，但经常是契约签完，没过多长时间，就又会因为一点小事翻了脸，把墨迹未干的契约当废纸。为什么2000多年的交流和碰撞，很难碰撞出一种相对缓和的信任关系呢？很显然，草原和中原之间应该在价值观、文化共识上存在着难以调和的矛盾和差异。之所以如此，说到底，都是雨水惹的祸。

中原人和草原民族冲突的分界线，是长城，而长城之所以修在那里，是因为长城以北的降雨低于年均400毫米，长城正好是沿着400毫米等降水量线修的。经济学家盛洪认为，尽管在血缘上，农夫和牧民是一家，但这种血缘意义上的身份并不能决定人的行为和习惯，行为和习惯只能由地区的生态环境来决定。

而大家知道，对于人的生态环境影响最大的自然是水。在水多的地方，人的生产方式最终趋向于农耕方式。在水少的地方，种的庄稼不容易活，如果没有大河，在草原上修水利设施成本太高，实在不值当，理性的人自然不会干这种事。而放牧的成本比较低，不这么干，干其他的还真不划算，也不能维持。因此，草原民族也就只能适应环境，放牧为生了。

学者王明珂指出，考古发现表明，当农夫走向草原后也会去游牧。一般而言，人天然不是圣人，也不是强盗，而环境造就了圣人和强盗，否则，父母也没必要买那么多育儿教育方面的书，提心吊胆地创造据说能使孩子成才的家庭环境。也就是说，在草原上，大家不约而同地去放牧，完全是被环境逼迫的，而不是兴趣爱好所致。

当然，如果有河流，也是可以在草原地区开垦的，比如，汉武帝在河套地区建边城，鼓励军士和百姓种庄稼，设置朔方郡。但能这么干，完全是因为有黄河正好在那里流着，否则，大概也不行。而在一些戈壁地区或者靠近长城的地区，也有一些适合耕作的土地，但这些农耕生产出的东西对草原民族的生活只能说是补充，而绝对谈不上使草原在食用谷物等食品上实现自力更生。

所谓生产方式决定上层建筑。在草原上的游牧生活和中原地区的农耕生活，让大自然给无情地决定了，游动的生活和定居的生活，以及由此产生的文化冲突，导致两个地区的百姓千年以降难以真正和平相处。草原和中原的文化冲突从根本上难以化解，只有双方在组织层面上真正融为一体，人员能够毫无障碍地互相流动，才有可能化干戈为玉帛。

清朝时期，长城南北都是爱新觉罗家的地盘了。那时候，草原上信奉萨满教，牧民们被宗教势力控制着脑子和身体。大家被活佛和王公攥到手中，逐渐放弃了游牧的生活方式。活佛和王公把牧民们看成牛羊，好生看管，他们则从牧民身上拿走大部分的生产剩余，交给从长城以南过来经商的汉人，换取足够过上骄奢淫逸生活的物品，把剩余的一些生产生活物质再交到自己控制区内的牧民兄弟手中。

那时候，在各个活佛和王公控制下的牧场里，牧民们就像农民一样放着牛羊，广阔的草原被划成一块块界限分明的牧场，游牧经济就此走入历史的故纸堆。在农耕地区早已推行的产权制度在草原也大行其道了。游牧民的生活模样已经非常像农民，定居生活使他们变得温顺起来,好战的血液已经凝固,成吉思汗的威风和草原彪悍气质逐渐消散。

  直到此时,在生活、生产的形态上,以草原向中原靠拢并融合,从而中原和草原的冲突和征战才真正终结了。

扫一扫收听本节音频

脆弱的草原

一

从总体上看，草原民族和中原人对抗，是草原民族主动南下找中原人的麻烦。只有汉武帝、唐太宗、永乐帝这些为数不多的中原帝王主动北上，深入草原、戈壁，追杀草原骑兵。当然，北宋也主动出击过，因为最终没达到战略目的，连燕山都没打过去，还被人家打得大败，不提也罢。这种整体上的斗争态势自然让人觉得草原民族战斗力超群、势力强大，中原人内敛守雌、脆弱不堪。

但考虑问题还需换个角度，不能只看表面。草原民族也是人，是人就怕死，如果没有什么不得已的理由，或者追求巨大利益的冲动，他们也不会动不动就出门和人玩命。毕竟，出去杀人抢掠，弄不好自己也会挨刀流血。要是能以温柔而和平的方式解决争端和冲突，谁也不会傻到一根筋地靠动武动粗来解决争端。

与中原地区相比，草原的生态环境能养育的人口是很有限的，那里的生物链很脆弱。在草原地区最适合草的生长。可以说，与农耕地区相比，草这种东西在这里生长具有非常明显的比较优势。大家都知道，只有很好地利用这种大自然赐予的东西，物种才能获得生存和发展。相反，人如果有时候被某种理念左右了，一意孤行地做出那种逆天的行为，要么是人力确实够强，精神确实高涨到不把老天看在眼里的地步，要么人掌握了高超的科学技术，花很小的成本，就能干出大得没边的事，把大自然完全掌控在手上，使其成为人改善生活、提高生活品质的工具。否则，利用自然也就只能当神话和寓言看待了。

草原上那些兄弟姐妹虽然不是自己有意选择后自觉自愿地生活在草原地带的，也不是因为天生喜欢或者后天被某种文化洗脑后，向往过那种游牧生活。但既然无意中扎根到那里了，为了活下去，也只能不断探索和发现更好的生活方式，寻找和发明更方便的生活、生产工具，以适应这里的生活，并尽量在这个基础上获得更多的物质享受和精神满足。

对草这种丰富到随处可见、随取随有的资源，不用想，草原民族自然首先想到的是靠这些东西求活路、谋发展了。这么做，收入是高还是低暂且不提，但依靠草生活付出的成本低，则是一定的。因为成本低，哪怕收入不高，获得"利润"就有了基本保障。所谓"靠山吃山，靠水吃水"，就是这个理儿。理性思维决定了草原民族选择的所有生产生活方式都和草原本身有着直接或者间接的关系。

但与农耕民族不同，草这种东西不像麦子、水稻、玉米、红薯等能被人直接食用。草要经过牛、羊之类的动物消化后长出肉，人通过吃肉，才能变相地食用这些具有比较优势的物种。与农耕地区相比，草原地区因为缺少植物形态的食物作为替补食物，处于生物链顶端的人类高高在上的结果导致在生存上对外部环境的依赖更强。一旦在饲养的牲畜中出现流行病，人类便面临生存危机，只是对农耕民族而言，牲畜大面积死亡，最多损失点财产，心疼归心疼，但大家通过吃植物形态的食物，也还不至于饿死。当然，如果连植物形态的食物也被老天给收了，农民们也没办法，只能携家带口地远遁他乡。即便如此，农耕民族对环境的依赖显然比游牧民族小多了。相对草原民族而言，农民们抗击老天欺负的能力就要强多了。由此推导，草原民族只要碰到这种事，悲惨程度自然是不言而喻的。在古代，医疗水平不发达，面对牲畜大面积死亡，大多数时候也只能干瞪眼。简陋的预防措施和治疗方法，很难挽回损失。那就没办法了，一般而言，草原上的兄弟们在厄运来临之后，只能加快逃离的步伐，赶着牛羊脱离疫区，到别的地方讨生活，对抗上天的手段极为单一。

当然，草原民族经常换地方生活，还有一个更为重要的原因。我们知道，牛马羊这些牲畜在一个地方吃草，如果不控制，它们吃草的速度要快于草生长的速度。一旦牛羊马的规模扩大到一定程度，可以瞬间啃光一片草场。可以想见，在一个地方待着，如果不遇到天灾人祸，一个部落很难依靠一块地界，养活自己到正常死亡。而农耕地区则不存在这样的担心，一块地养活一代甚至几代人则不成问题。因此，草原民族不得不选择游牧的生活方式，同时只能是哪里有草和水就去哪里。美国学者拉铁摩尔在《中国的亚洲内陆边疆》一书中说："没有一个单独的牧场是有价值的，除非使用它的人可以随时转移到另外的牧场上,因为没有一个牧场经得起长时期的放牧。"这样看,在草原上过游荡的生活,还真不是那里的人从开始就喜欢这种生活方式,而是环境给逼的。

二

按照环境决定论的理论推导,在草原地区,说一个人是不是富人,自然是要看属于他的马牛羊这些财产有多少。而在中原地区,衡量一个人是不是有钱人,是看他手上有多少亩土地。在史书中,中原王朝和草原民族作战,上司评价下属的战绩时,总是以砍了多少人头作为标准,并依此奖励给将士们相应的好处。

真正懂得草原生活的王朝,比如鲜卑族建立的北魏帝国,在对作战将士赏赐时,与建立在农耕文明基础的中原王朝则存在些许差异。这个帝国和北边的柔然帝国作战时,除了记述杀敌数量外,还要重点考察军队在战争中抢回来多少马牛羊,或者毁掉敌人多少牛羊。

在鲜卑帝国看来,杀掉的敌人数量固然是衡量作战效果的重要指标,而和草原民族作战,作战完毕,部队能抢来多少马牛羊,更能展示作战的长期效果。那些失去大量牲畜的草原部落,即使不和他们作战,也必然会被活活饿死,或者饿得失去劲头再去打仗。抢牲畜的行为相当于抢夺中原人的耕地、破坏农耕用的水利设施,这些都是让对手没法继续活下去的做法。鲜卑帝国毕竟来自于草原,很懂得用什么样的必杀技能制敌于死地,使他们永远不得超生。

与中原人不同，草原民族掌握的食物和财产是流动的，而且必须流动着，这些财产才有价值，也才能保值。中原人依靠在固定的耕地上精耕细作获得食物和积累财产，流动是农耕文明的大忌。农民一旦离开土地，这些土地上就会胡乱地长出不适合人类食用的东西，大量抛荒的土地马上变得一文不名。在历史上，当一个王朝的农民在短期内出现大规模地、漫无目的地到处流动，目的无非是两个，一个是去逃荒，到外地找吃的，另一个则是去造反。一般而言，在逃荒的路上，一旦出现连续一段时间找不到吃的的情况，这些流动的农民则会就地转化成造反的队伍。

　　这样看，在中原地区，朝廷镇压起义的办法，除了依靠能打的将帅将他们歼灭之外，其实最好办法是开仓放粮。如果做不到，也最好把这些起事的兄弟们赶到富庶的地方，给大家自食其力的机会。明朝末年，无论是张献忠的部队，还是李自成的部队，只要进入江南的地界，立马就消失得无影无踪。这倒不是大家到了江南后觉悟一下子高了，觉得和朝廷对着干是件不光彩的事儿。而是江南地区的富庶可不是这些从北方来的穷兄弟们见过的，一旦到了苏州、杭州等富裕的城市或乡村，这些兄弟发现不用费什么劲给人家随便打个零工，都能吃上饱饭。脑子稍微灵活点的，只是做些小买卖，不用辛苦耕作，也能过上比在陕西、河南、山西等北方地区好得多的日子。既然如此，大量拖家带口闹起义的流民们就很难再鼓起气势汹汹、死里求生的拼命热情了。据说，看到这一严重问题后，那些有雄心壮志的造反领袖们再也不敢带着大伙儿去抢江南了。对他们而言，江南的富裕实在太危险，自是比数十万据刀持枪的官军要厉害得多。

可是，大家知道，衡量财富的标准是有大学问的，从这些标准的设立上，可以洞悉一个民族和地区文明的发展轨迹和最终可能获得的成就。按照经济学家盛洪的说法，草原民族这种流动的生活方式使他们很难实现财富的积累，没有财富的积累自然就很难实现文明的积累。大家可以想象，行万里路对长见识虽然有好处，但读万卷书对长见识、增智慧更是必不可少的。而伟大的文明也不是一代人就能创造出来的，要通过无数代人锲而不舍的努力。即便这样，也还要经过某一代人出奇好的运气。

正是因为没有足够的文明积累，草原民族的整体文化水平很难得到稳步提高，始终徘徊不前，几千年来也没什么大的进展。汤因比把游牧社会归类为"停滞的文明"，是很有道理的。中原王朝的文化人对草原民族从骨子里看不起、从行为加以嘲讽，正是基于草原民族没有令他们钦佩的文化。特别是中原的文化人对草原民族那种唯利是图的做派，以及毫不掩饰的迷信强权的行为，表达出深刻的鄙视和不屑。这种情绪被写入了各种文字之中，至今依然字字在册。

现在大家理解了，为什么草原民族在历史上经常骄傲得了不得，靠着武功显赫威震欧亚大陆，占据广阔无垠的土地，跃马扬鞭，东杀西掠，创造出骇人听闻的战绩。但除了军事家、政治家外，就是无法产出值得大家仰慕不已的科学家、文学家、哲学家了。说实在的，如果让以游牧民族去搞科学实验和社会科学研究，发展出了不起的科学技术和精深的社会科学理论，那其实是难为人家。当然，在草原上，也就不能指望看到那些构造细密、结构复杂的机器和推动人类社会发展的制度创新了。

失去积累文明成果的机会和能力，结果是很悲哀的，这导致他们与天地斗法的能力始终上不去，只能靠天吃饭，上天一旦稍微变个脸色，他们就吃不消了。为活命，在被饿死之前，他们只能出去抢。而农耕地区的物产丰富、产品精美和生活方式优雅，让他们眼馋得不得了，自然成为他们抢劫的首选目标了。

这么看，当成吉思汗出来后，即使草原民族向全世界展示出骄人的战神形象，草原骑兵以摧枯拉朽之势，在欧亚大陆上横冲直撞，消灭了比自己文明程度高得多的民族，那种傲视天下、唯我独尊的派头，时至今日依然让人不寒而栗和钦佩不已。但说到底，这些作为战神的优秀品质也都是被生存压力和眼馋逼出来的。绝不是因为他们的科技多么了得，也不是因为他们的制度有多么先进，更不是因为他们的文化太先进，发自内心地希望把自己的文化和大家分享，在统一的价值观里，让大家都过上身心愉悦的好日子。

三

虽然没时间坐下来思考问题，但在冷兵器称雄的时代，没有高精尖武器的草原民族和农耕民族对抗时，倒也不吃啥亏。他们依靠战马的灵活机动，很容易在战场上保持不败。

所谓"不败"，是指不被打败，而并不是说每次出战都能打胜仗。能做到这一点，完全是因为来自草原的军队胯下有战马。一方面,冲锋速度快,保证战斗具有突然性,这当然能提高打胜仗的概率,但另一方面则更关键,就是撤退时速度也快。这一优势能保证他们在败绩已显之时,迅速脱离与敌军的接触,一旦逃跑,敌军就不容易追上,即使追上也不容易把他们"包饺子",因而不至于被人按着脑袋彻底打残和消灭。懂点军事的人都知道,某人或某支军队在百战之中保持不败,实际上是难到几近神话的地步了。

可是,尽管草原民族在军事上不吃亏,但他们也并没有完全阻碍农耕地区的文明发展。毕竟,很多文明成果并不是固化的,而是无形的,靠马刀和弓箭无法使其完全消逝。更何况,在草原军团的袭扰下,虽然在适合积累文明成果的农耕地区,文明发展因受到草原军团侵扰,在发展上时断时续,但也没啥要紧的。要知道,草原地区文明形态可是长期停滞的,农耕地区的文明通过日积月累的沉淀,哪怕是慢点,但总有一天也会在这个文明体中诞生保护自己的坚硬铠甲,并产生精良的武器,在战场上逐渐形成压倒性的优势。

后来,农耕文明很艰难地积累着财富和文明成果,并发展出越来越高的科技,生产出越来越先进的设施和武器,对付草原骑兵和不可捉摸的天灾的能力逐步增强,这让草原的军事力量再想依靠骑射闯天下变得越来越不容易。

以修建城池和城堡为例。很早以来,农耕地区的百姓就很习惯把自己好不容易从土地上积累的财富放到城池或城堡里。随着科技水平不断提高,修出的城墙越来越坚固,建城的速度也是越来越快,特别是用来守城的武器越来越精良、越来越有效,最后发展出枪弹和大炮。拿着热兵器的士兵们躲在城垛后面，很容易杀掉不怕死冲上来的草原兵将。

到后来，草原骑兵为攻下一个城堡，经常要付出极为惨重的代价。据说，努尔哈赤就是在宁远城被袁承焕的"红夷大炮"轰死的。这时候，草原军团再去抢掠农耕文明的财富，成本变得太高，以至于草原军团不得不主动减少抢掠的次数，或者说，躲开坚城大堡，在不设防的地带，逮着什么抢什么。当然，既然是这样非常憋屈地抢东西，指望抢到特别好的东西就非常不现实了。

如果不是在农耕地区的王朝自己内部长了毒瘤和脓疮，或者来自草原的军队没有主动接受农耕地区的军事技术和设备，草原民族出门打劫几乎是在自寻死路，或者说变得越来越不划算。

这么看，世界文明之所以得到不断发展，农耕文明和草原文明的冲突提供了巨大动力。最后的结果是，能实现自我积累的农耕文明战胜了长期停滞的草原文明。

四

匈奴以后的草原民族认识到自己在文化和科技上的差距实在太大，而又难以靠自己的力量弥补，甚至即使想吸收过来为自己所用，如果不依靠汉人的科技知识分子，也是不可能的。所以，当时匈奴等北部草原民族很喜欢劫掠中原王朝的能工巧匠和一些有特殊技能的人才为己所用，哪怕是那些只会种地的农民，草原部落也不放过。一方面希望这些农民为自己生产中原地区的生产生活资料，可以省掉南下去抢时所费的劲。特别是，在草原地带也有一些适合农耕的地界，反正荒着也是荒着，掳掠些农民放到这里种地，赚一些额外利润。另一方面，也是希望这些被掳掠或者诱惑过来的兄弟，能帮助草原在技术水平上和中原缩小差距，提高自身的战斗力。这些愿望当然好，可实行起来却非常不容易。

科学技术的发展以及能工巧匠们工作的环境都是特定的。草原上之所以缺少这些，完全是环境不适合所导致的。一些农民越过长城，到草原地带，在个别有河流的地区，或者在湖泊周边，也能开垦出一些耕地，虽然产量有限，也能满足一些贵族的需求。但那些能工巧匠以及掌握科学技术的高水平人才即使到了草原地区，又能怎样？草原上，缺少生产物质的原材料，想大规模生产一些物质需要从中原地区购买，或者抢掠，仅仅有人还是不行。这当然还不是最主要的，最关键的是，生产高精尖或者精美好看还耐用的东西，不仅仅需要相应的技术、材料，还需要相应的制度和人文环境。

可是，草原上的人文和制度环境恰恰是发展科技的最大瓶颈。制度、文化需要大家在长期共识中慢慢积累，而草原民族每天和恶劣的自然环境、残酷的人文环境斗争，为如何能看到明天的太阳而发愁，又如何能在和谐而静谧的环境中思考未来和宇宙呢？没有对未来的过分忧思，就很难让草原民族产生强烈的需求，为未来提供有保障的制度和和谐的人文环境。

尤瓦尔·赫拉利认为，"在农业革命之后，'未来'的重要性被提到史上新高度。农民不仅时时刻刻都得想着未来，还几乎可以说是为了未来在服务。"为了在一片土地上繁衍生息，农民们不得不想方设法提高生产耕作的能力，提高组织能力。为此，挖渠修沟的能力、预测天文气象的能力，都必须提高。而挖空心思地生产各种复杂程度越来越高的工具，并构建烧脑烧心的理论体系，也是必须为之、不得不为之的事。毕竟，让同一块土地承载几代人的生计，农耕民族不费力气也是说不过去的。

农耕民族构建的很多制度和人文环境，现在想起来大概都是为了少折腾、提高对未来的稳定预期而服务的，如果让农耕民族看不到稳定的未来，这些人也是很难踏踏实实地做好农民的，也很难真心实意地去琢磨出那些复杂而有效的制度，来约束自己和后世的子孙。当选择少的时候，环境会逼着人不得不沉下心做一些非常精深的事，而选择多的时候，对于大多数没有什么上进心的人而言，又如何会自发地逼着自己成为某个领域的专家呢？如果不用各种风俗和制度控制人们的思想，也难保农民们愿意在一块土地上世世代代踏实种地。

当然，随着和汉族文化交流的深入，草原民族和中原人在文化层面上确实开始互通有无。中原人身上有来自草原的文化表象，赵武灵王的胡服骑射改革就是一个典型的例子。而草原民族的文化也逐渐被打上汉文化的烙印。不过，从整体上看，草原民族学习中原地区的文化和经验是主流。

到了南北宋时期，契丹、女真和蒙古相继称霸草原，从军队战斗力、国家组织形态和整体文化水平等指数看，这些草原民族建立的国家比之前在草原上的匈奴、鲜卑、柔然、突厥等草原民族建立的所谓"国家"，更像模像样了，也就是说，更像由儒家学说支撑的中原王朝了。

契丹建立的辽国在国内实行两种制度，远离农耕地区的依然实行草原部落制度，而和农耕地区接壤的地区则实行汉化的国家制度。虽然对最高统治者的选拔制度曾经受到契丹族内部的强烈抗议和抵制，但神武的耶律阿保机仗着自己在辽东有祖上传下来的厚实的家产以及自己的盖世武力，最终在契丹内部建立起皇帝制度。金朝的汉化程度则更深，到金朝被灭的时候，从外表看，你几乎很难相信这个国家其实是由草原民族建立的。汉文化与草原文化的有机结合，提升了辽、金、元等国家的综合实力。即使从当时世界范围看，这些国家也绝对可以称之为一流强国。

然而，与契丹和金朝相比，来自大漠深处的蒙古人身上依然保持着浓厚的狼性。即使占领了中原和江南地区，在汉文化的熏陶下，这种崇尚武力和信奉弱肉强食的狼性理念也并没有完全泯灭，在这些少数民族建立的国家里，依然若隐若现地存在着这种理念。

五

在元朝，朝廷把统治区内的人群以非正式的方式分为四等人，并给予这些不同等级的人群相应的社会地位。最下等的"南人"，也就是南宋地区的老百姓，虽然在日常生活中也没受到什么赤裸裸的歧视，在生活层面上不见得有多么的困苦，但在政治生活里，"南人"则深感不受待见。因此，对于广大处于低等级的社会精英而言，精神是比较压抑的。这些人普遍感觉自己生活在"伸手不见五指"

的"暗黑世界"里,从那个时代飘来的情绪里充满了怨气,精英们深深地怀念着宋朝倍受皇权待见的好日子。比如,在这些人中很多人把本来用于写策论的本领用于写剧本、赚稿费。当时全国著名的剧作家关汉卿、马致远就是杰出代表。他们应该是很郁闷的,而且应该是整天沉浸在"夕阳下,断肠人在天涯"的情绪之中的。

蒙古人这么做,有一种说法是,为了防止本族的狼性文化被汉族文化彻底取代了。蒙古贵族们当然不愿意看到,整体文化水平高、管理能力卓越的汉族官僚充斥朝堂,把自己先祖好不容易打下的江山通过和平演变的方式给骗走。因此,元朝对汉族知识分子总是心怀芥蒂,甚至把这些人当成潜在的威胁来提防,使大量的文化精英们陷入报国无门的惨境,只能转而从事民间文化事业。虽然元朝也在某个阶段恢复了科举考试,但这种恢复也没啥可称道的,通过这条途径成为上层建筑一分子的知识分子,实在是凤毛麟角。

元朝如此为之,显得非常粗鄙,蛮不讲理,从后果上看,对中原地区的传统文化戕害不浅,以至于时至今日,文化人时不时还高喊出"崖山之后无中国"的悲愤之语,表达出对"崖山之战后,南宋灭亡,中国文化被打回原形"的失望之情。

不过,实事求是地讲,老百姓对文化的断裂感受会有,但要说多么大,这就不好说了。元朝和其他在中原安家落户的王朝不一样,从元世祖开始,朝廷就开始非常高调地支持商业发展,甚至把经商、收税的权力交给万里而来的穆斯林商人,朝廷则从商业中抽取很少的税金。而那些王公大臣包括皇帝本人也会拿出很多银锭,交给商人们,到市场上实现增值,获得属于自己、且仅属于自己的额外收人。这个王朝的中央财政怎么会看上从土地里费劲扒拉来的那点钱呢？元朝的农业税之低使其他王朝的农民们肯定嫉妒得浑身发颤。既然中央政府不稀罕农业税，那么，地方政府手上的那点农业税就作为地方政府自己的零花钱了。

元朝的商业极度繁荣，这是那个时代有目共睹的。无论是元大都还是南方的杭州，到处奔波着快乐发财的商人。以至于那个叫马可波罗的威尼斯人来到中国后，被豪华赫奕的都市商业文明震撼，心灵受到极大的冲击。

著名作家刀尔登在一篇文章中写道，朋友拿荒唐的问题问他："假如不得不回到过去，你愿意生活在哪个时代？"他说："我认真地想了想，那就元代吧。"按照刀尔登的说法，"元代赋税较宋明皆轻"，"赋税轻而衣食足，衣食足而歌咏作"，在他看来，百年蒙元，是个很有意思的时代，一方面，有野蛮的军管，区别种姓，以聚敛为头等大事，另一方面，那管理漫无章法，几近于"你把钱粮交来，剩下的事不要来烦我"。元朝的皇帝和上层建筑对百姓们约束不多，不像明朝和后来的清朝，按照刀尔登的说法，不是不想管，实在是因为通信器材落后，没有发报机之类的高端设备，导致皇帝想管也管不了。

这么说，当然也说得通，但也不全面。真实的情况应该是，无论是成吉思汗时代的蒙古，还是忽必烈之后的蒙元，都非常依赖商业生活，以至于对农业不太感兴趣。毕竟，从古至今，农业的增值效率怎么能和商业利润相比？宋朝时搞出的很多精密的制度，培育出的精明如鬼的汉族文化精英，发展出那套深不触底、一般人学一辈子也不敢说自己懂的儒学,虽然直接目标是为了丰富人们的精神世界,但在实用层面上,也是为了更好地帮助国家,控制农民和土地,从而非常顺当地抽取农业税。既然依靠商业渠道能够发财致富,那么发展农业对元朝的皇帝及其王公贵族的吸引力就没那么大了。

元朝的皇帝左手攥着雄武的草原军团,右手握住商业渠道,既有安全保障,又有确保生活幸福的来源。作为对文化、文明没什么追求的蒙元贵族而言,为何非要扑下身子,深入基层乡村,管那么多没利益可赚的闲事呢?大概也是这个原因,元朝对读圣贤书的文化人不怎么待见,还真不是元朝的上层建筑故意为之,实在是对你们这些汉族知识分子不怎么需要啊。

按照中国江山统一过程的一贯模式,大多数是北边的国家南下打败南边的国家,然后实现江山一统。但在元朝正好反过来,"江南"第一次雄起了,现在看,这还是唯一的一次成功雄起。朱元璋依靠江南的老百姓完成北伐,把元朝的贵族们赶到草原荒漠。

在作战上,虽然朱元璋的部队大多数来自于江淮和江南地区,但在战场上,明军和元军毫不落下风,哪怕面对的是蒙古骑兵。后来,徐达、傅友德、常遇春和蓝玉以及后来的永乐帝朱棣不愿意放过这些逃到长城以北的败兵,相继带兵杀出长城,深入草原、大漠,把跑到草原本来以为没事的元朝残余势力生生地打得再也无法重新"托生"了。特别是在公元1378年,大将蓝玉主持了一次征伐,把源于成吉思汗的黄金家族在草原的威望彻底打到泥里,其他草原势力则乘机找到发展的缝隙,之后的草原就变得更乱了。

元朝的败亡说明,草原的狼性文化根源于草原的生存环境。狼性文化熏陶下人变得非常功利，追求实际效率和效果。这当然有利于提高生存概率，但过于务实，国家在文化共同体意识的构建上则付之阙如。危机一旦出现，百姓们很难产生强烈的文化自觉来保卫元朝。即便不是生活所逼，朱元璋仅仅喊出"驱逐胡虏，恢复中华"，大概也能忽悠很多人抄家伙加入起义军，和蒙古人干起来。如果不是当时农民起义军之间一直在内斗攻伐，看当时的情形，在起义风起云涌后元朝的皇帝很难在大都还赖了那么长时间不走。

同样是来自北面的民族，女真族建立的清朝就很识时务。他们刚进北京城而北方很多地区还未被平定，江南之地依然在南明手中攥着，这个王朝就开始开科取士了。据说，一些思想上还一下子转不过来弯的读书人，是在刀枪的逼迫下才不得不进入考场的。这个民族的领头人是很聪明的。从那一刻，我们就已经能看到，一个有模有样且国祚不会太短的统一王朝喷薄而出了。这个王朝绕开了那个使自己成为"短命鬼"的陷阱。

清朝的国祚将近 300 年，如果和它的祖先金朝相比，从存活的时间和占领的地盘上比较，这个王朝都是相当成功的。同样是女真族，经过几百年后，虽然他们走出了那片脆弱的生态环境，但借鉴了北魏帝国全盘汉化的成功经验，吸取了元朝向汉文化死不投降、自以为是的失败教训，这个民族终于成为来自长城以外最成功的民族。处于王朝尾声，清朝保留了很高的尊严，与元朝、金朝相比，清朝可以说得到了非常难得的善终。

而曾经让世界为之战栗的蒙古人，在清朝始终作为历史的配角存在。在草原上，虽然生活着地位很高的蒙古王公，但那里的文化、科技以及人们生活的场景，其实没有显著的改善。在大清国，即便蒙古军团依然拥有脱胎于游牧生活的超强战力，但也渐渐地不值一提了。1860年，英法联军攻打北京时，蒙古骑兵在王爷僧格林沁的带领下，迎着英法联军的弹雨和大炮实施正面冲锋，希望在热兵器时代再现蒙古骑兵的荣光。可是，战斗变成了英法联军对蒙古骑兵的屠杀。那时候，他们其实早已失去了胜利的理由，只是他们不知道，即使知道，也不愿意承认罢了。

扫一扫收听本节音频

马上的骄傲

一

　　游牧民族生活的草原辽阔无垠，风吹草低，牛羊成群。在月朗星稀的晚上，躺在草地上数星星，放飞心意，抒发诗情。这里是个很适合畅游的地界，让我们在辽阔大地中感受人生渺茫，从而打开久闭的心境，感悟苍老的人生。对于过惯农耕生活的人而言，这里是一个旅游的好去处，但让他们从此在这里落地生根，终老一生，相信他们没几个人会愿意。

　　因为没有足够多的水，这里的生态太单一，除了牛羊马喜欢吃的草，人类想在这里种植自己能吃、想吃的东西，是件相当困难的事。如果不掌握放牧的技术，不能弯弓搭箭，人在这里只能被活活饿死，不会有其他太多的出路。

　　为了生存，草原民族必须掌握高超的放牧技巧。但是牧者挥着鞭子，靠双腿活动范围毕竟太小，管理的幅度也很有限，累了一天，跑上跑下，也放不了多少只牛羊。一旦贪多，超出人力控制的范围，就很容易出现丢牛羊的事故。随着草原民族人口增多,如果不想把新生出来的婴儿饿死,必须想出更好的办法,提高放牧的数量和效率。

马成为草原民族最好的帮手。从实用角度看,人骑在马上,可以在短时间内扩大活动范围,对于控制一大群只懂得傻头傻脑地低头吃草、行动起来无组织无纪律的牛羊,肯定是很方便的。一旦发现有哪只牛或羊脱离了大部队,游牧者策马扬鞭,很快就能把这只掉队的赶回来。中原人使用牲畜种地,草原上的牧者使用马放牧,其实图的就是在生产中省事、省力和高效率。

草原的牧者在使用马放牧之后,还喜欢使用弓箭涉猎食物。大家也都可以理解,整天只吃牛羊肉,谁也受不了,总要改善一下食物品种,时不时换个口味尝尝。这样有利于改善营养结构,对于人的健康很重要。当然,更重要的是能解馋。不过,草原上飞禽走兽也都各怀绝技,一般都是跑得贼快,个别的还能既跑得快,又能把自己藏得深。马不过是自然界中跑得比较快的动物之一,绝不是第一,狩猎者仅靠骑马,其实也很难抓住这些动物。而有了弓箭,也就化解了马撵不上其他动物的尴尬。

弓箭延伸了人的双臂长度,只要勤学苦练,最终在百米甚至几百米之外能将狂奔的野生动物撂倒在地。而用弓箭和草原上的肉食动物搏斗,保护自己和妻儿,进而争夺更广阔的生存空间。因此,在草原上,神射手自然能控制更多的牧场和牛羊,成为草原上的富户和权力的拥有者。这种场景很像在中原地带大家都羡慕那些科举中取得好成绩的读书人一样,都是因为这些人掌握了更多的财物和更大的权力，能过上比一般人好得多的生活。在草原上，每个家庭都会让自己的孩子从小练习射箭，而不像中原人的孩子读书求功名。

二

有了马，人奔跑的速度则成倍提升；有了弓箭，人捕获各类猎物的能力也成倍提升。在草原上，两者结合后，任何动物见到人也就只剩下躲的份儿了，唯恐自己成为人类的食物。

人类在草原上独霸了生存空间，但如果从人口数量和所掌握的技术这些主要的生产力指标上看，与中原相比，这里的人力还是相当弱小的。比如，从人口数量上看，草原上的人口直到成吉思汗时期，总量也还不到200万人。而在中原地区，如果不是天灾人祸，农耕方式养活的人口冲到1个亿也不是什么大问题。

从技术上看，直到火枪成为中原人的制式武器后，草原上还是以弓箭为主，几千年过去了，士兵们拿的武器也没得到什么大的改进。尽管如此，在冷兵器盛行的时代，掌握骑射的草原民族，配上马鞍和马镫，足以让中原人惊煞得紧了。几千年来，拍马呼啸的草原骑兵始终是中原人心中挥不去的梦魇。

在冷兵器时代，人骑到马上和其他人格斗，实在是太方便了。起初，这些草原民族南下抢掠，中原人和他们对打，在武器上倒是不吃亏。但人家因为骑着马，军队运动的速度很快，在作战时，一旦发现要吃亏，调转马头撒丫子就跑，中原人如果没有足够多的骑兵，仅靠双腿追骑兵，还没追上，也早已累得吐血了。

而一旦发现中原人顶不住，草原骑兵则会在极短的时间内调来大量兵马，在局部战场上形成以多打少的局面。如果不出意外，中原来的步兵军团被草原骑兵歼而灭之，是没有任何悬念的。

即使大家都拿着弓箭对射，实际上草原兵将因为长年累月练习射箭技术，他们射出的箭更远，准头更"硬"，中原人则只能头顶着盾牌或者躲在城墙后面，等人家近了再打。如果没有特别的武器，想把草原骑兵打得一蹶不振，几乎是中原人的"白日梦"。

汉武帝当政后，主要业绩就是打匈奴。他使出的招数也没什么稀奇，就是学习战国时期的赵武灵王和李牧，训练和草原民族一样凶悍的骑兵。按照汉武帝的说法，"他们能来，我们也能去"。他派出能够熟练应用骑兵的卫青和霍去病，带着骑兵部队和草原骑兵打对攻。

在汉武帝开辟的汉匈战场上，骑兵对骑兵，煞是壮观。你打我的长安，我打你的阴山，看谁能撑到最后；你用强弓，我射硬弩，看谁的武器精良；你"飙"速度，我策马奔腾，看谁跑得快；你偷袭包抄，我奇正相合，看谁把握时机精准。草原军团顿时失去了绝对优势。那时候，中原人是相当扬眉吐气的，再也不用整天缩着脖子挨揍了。

从地理上看，汉武帝打匈奴也是很占优势的。与草原相比，长城以南除了平原，还有更多没完没了的大山沟壑和一个接一个的城池、堡垒，草原骑兵即使杀过来，在很多地方没法实施战术包抄，丧失了奇袭的可能性。在山地或丘陵，骑兵的冲击速度也很难提起来。可是大家知道，没了速度，骑兵也就没了灭人于瞬间的冲击力，一旦陷入步兵方阵，只能成为步兵的活靶子。相反，一旦汉军杀过去，草原的腹地几乎毫无遮挡，汉军耍起多端的诡计，指东打西，草原骑兵也没好法子，草原民族只能落入被动挨打的痛苦境地。

如果匈奴不是逐水草而居的民族，手上的固定财产不多，即使到处流窜，没啥负担，匈奴贵族们和大量的有生力量早就被汉军给彻底消灭了。可是，即便如此，匈奴被汉军痛打了几十年，最终还是没撑住。那拨儿有骨气、不愿投降的匈奴看情势太恶劣，再赖着不走也没啥奔头了，被逼无奈，不怕万里之遥，跑到俄罗斯和欧洲找合适的地方去游牧了。而其他确实不愿意走的，也只能低眉顺眼地归了汉朝。

汉武帝时期的汉匈之战说明，草原民族在马上形成的骄傲，实际上是虚拟的，并没有那么实在。一旦把中原人惹急眼了，草原上的人也不会有"好果子"吃。

三

可之后的两千年里，虽然中原人也可以时不时地把草原民族打得无法招架，但从整体上考量，还真的再也没有出现过第二个"汉武帝"。这倒不是因为中原的皇帝、大臣和老百姓被草原骑兵打得不敢反抗了。相反，中原人抗击草原骑兵的侵掠从未停息，也涌现出无数的忠君死国的名将。

之所以草原骑兵总是能压着中原军队，说起来，原因也很无奈。

在很多时候，是出现了大规模产马的地方被草原民族占领的情况，中原人能使用的马匹太少，即使好不容易在中原地区培育出马匹，这些马匹缺少苦寒地带的磨砺，即使被驱赶着上了战场，也没有能力和草原上的马较量。因此，骑兵骑在这样的马上，在大多数时候也只有挨打的份儿，而没有多少还手的力了。

在长城以南，能为中原人提供大量优质马匹的地方主要集中在西北地区，比如贺兰山、河套平原。那些地界虽不是草原民族传统居住的场所，但更不是中原人的固有领地。关键是，在那里土地贫瘠，人口稀少，靠耕种产出的粮食不够那里军队日常所需。如果从内地调运粮草和军械，路途漫漫，花费浩大，中原人要攻取那些地方无疑是相当费劲的。在国力衰弱或者草原民族强大时，即使偶尔把这些地方打下来，也很难守得住。

在北宋时期，北宋和党项族建立的西夏打了百年的仗，直到都城汴梁被金军攻陷，也没完全占领和守住贺兰山。现在看，在历史上的大多数时期，那片地儿被一些草原民族占领着，也就不足为奇了。

按说中原地区地域广大，在这里也能长草，还能种出马更喜欢吃的精饲料，比如黑豆。即使没法让马吃上西北地区的好草料，但中原地带培育牲畜的技术还是很高超的，完全可以想办法培育出优良的马匹。即使这样的马因为没有受到高寒地带的磨砺，精气神和拼搏精神比较欠缺，在品质上不如草原上的马，但总还不至于让骑兵上战场时太难堪。从理论上讲，中原地大物博，中原人让马吃上精良饲料，认真钻研马的生育技术，就可能在战场上形成压倒性优势,打败草原军团。

这种拼数量不拼质量的作战,在二战期间就曾经发生过。大家知道,苏联的T型坦克在质量和功能上与德国的虎式、豹式坦克相差很大,特别是与虎式坦克相比,T型坦克根本无法过招。即使美军的谢尔曼坦克,遇到虎式坦克也能跑则跑,跑不了则采取群殴战术,一拥而上,以量取胜。在苏德战场上的某一次战斗中,一辆虎式坦克击毁数辆甚至数十辆T型坦克。可是,人家苏联也好,美国也好,有钱,有人力,有海量的资源,还有掐死德国的决心,坦克死得再多,也能死一批,再上一批。两个国家和德国拼坦克数量,几乎拼到没感觉的地步。在苏德战场,苏联生产的T型坦克比美国的谢尔曼要粗糙得多,很多T型坦克刚生产出来,几乎没接受像样的检测,直接就拉到战场,到战场上,毛病也多,焊接水平不堪入目。可这样的结构简单、用料制作相当不讲究的坦克日产量上远远超过德国的任何一款坦克。苏军的T型坦克不怕死,死得起,即便德国坦克制作的再精良,那又能如何?最终使拼技术的德国坦克彻底败给拼数量的苏军坦克。

可是,除了个别的中原王朝,在大部分时候中原王朝的骑兵与苏军的坦克部队是没法比的。与生产喂马的作物相比,在中原地带生产人吃的东西则更经济、更实惠,如果没有特别的鼓励政策,老百姓谁还会愿意生产这些马吃的作物?

汉武帝之所以有大量的战马供前线使用,除了汉朝占据了西北部分地区,更主要的还是因为推行了卓有成效的"马政"。与后世相比,这个时期的马政效果出奇好,有人分析原因后认为,除了汉武帝这人确实把这个政策当回事，落实得着实到位外，也和当时的经济生产环境有直接关系。可汉武帝的马政落实到位，效果奇好，也是因为汉武帝赶上了好时候。他当政时，中原地区的人口少土地多、大家因喂马而获得的国家补贴比生产粮食更有赚头，人们养马的积极性当然高涨。再加上他的雄才大略非常罕见，在做大事上技巧多，决心大，自然不会让将士们在打仗时吃亏受罪。

可是，在汉武帝之后的岁月里，虽然中原王朝的皇帝群体里，在综合素质上不亚于汉武帝的皇帝，但从整体上看，在中原地区虽然农业生产技术水平缓慢，粮种品质提升速度也没呈现出飞跃式的发展态势，但肯定是比汉朝时要高很多。但粮食多，国家又从来没想过实行计划生育，反而大力宣扬"多子多福"的理念，人口自然是越来越多。在技术发展赶不上人口增长速度时，只能尽可能把能种粮食的地方都种上。可耕地面积达到一定规模后，再想继续实现粮食增产，百姓们觉得拓荒后，水资源跟不上，或者说，新拓荒的土地过于贫瘠，拓荒收益难以抵消成本，继续为之失去了动力。国家实施"粮食增产工程"自然是难以为继。

按照经济史学家的研究，在工业革命之前，世界当然也包括中国，生产技术水平长期处于停滞状态，或者说处于近似于水平状态的发展中。1766年，英国经济学家马尔萨斯观察到这一问题，提出"马尔萨斯陷阱"理论。在他看来，人类发展受制于农业产品产出量，人口量一旦突破土地能够承载的数量，大量人口要么饿死，要么在抢夺粮食的战争中被打死，要么就是压根没被生出来。总之，人口数量会在自然力或人力的共同作用下，不得不回到那个土地能够承载的数量上。

千年以降，中原王朝绞尽脑汁想法子开荒种地、劝农重农，目的无非是为治下的百姓提供足够多的口粮，既对得起上天，也对得起自己当皇帝的良心，更主要是求一个太平世道，确保自己的江山永固和祖宗的社稷永存。这样的期望其实不算太高，即便如此，朝廷也都会时常感到力不从心，整天提心吊胆，害怕闹粮荒。皇帝干很多比较混账、随性的事，可每年去祭天、求告风调雨顺这种皇帝分内之事，则必须是亲力亲为。特别是明、清两朝，皇帝祭天，可是非常大的国家仪式。

除了对上天不放心外，皇帝对臣子们也不放心。如果某些贪官污吏不体恤皇帝保家业的良苦用心，借着实施马政的机会，趁机搞些"外快"，而且不自觉，"下手"过重，把百姓们逼急了，百姓们变成暴民，拿着刀枪来京城找皇帝要说法，这可不是闹着玩的。宋徽宗时期，因为皇帝爱好艺术，让江南的官吏们为自己采集太湖石，官吏们趁机胡闹，捞外快，捞得没节制，把百姓们逼得跟着方腊造反了，宋徽宗派出京畿、河北地区的强兵悍将，南下镇压。抽出西北的军队辗转到河北地区拱卫都城，并北上和金军打辽国。西北军离开自己熟悉的地方，到了陌生地区打仗，吃了很大的亏，没打胜也就罢了，还伤了元气。之后，金军进攻宋朝，宋朝就此了却了"上半生"。这场"蝴蝶效应"的根源很大程度上来源于朝廷"采集太湖石"的政策。此政策虽然和马没关系，但也可以看出，如果国家实施马政，其实是担着一定制度风险的，弄不好会玩出"不可承受之重"的大事。在这么大的压力和担心下，朝廷很难下决心拿出足够诱人的鼓励民间养马的政策。即使出台了这些政策,在落实时,也是顾虑重重,首鼠两端。实事求是地讲,如果国家硬逼着百姓们喂马,大家不把马故意喂死,就已经算是很尽心了。至于说送给国家的战马能不能真正用于冲锋陷阵,大多数老百姓只关心自家生活,对这种国家大事,一般不会那么太当回事儿了。

这样看,养马,特别是养数量众多的马,确实能够避免军队在战场上吃亏,进而提高取得大捷的概率。可让马和人抢粮吃,这个险还是不敢随便冒的。毕竟,即便没有足够的战马,步兵用好了,也能保住王朝的命,可粮食安全上出了问题,就没有回旋余地了。仔细思量后,汉武帝之后的王朝,中原王朝的马政一直是不愠不火,难有亮点,也就是在情理之中了。

再说了,即使有好马,实际上不会有啥好结果。在中原王朝,那些壮劳力一般都被训练成种地的好手,其中那些头脑灵光的精英胚子则被训练成做文章、讲道理的高手。希望这些从小都没用过像样武器的孩子,通过一年半载的训练,就能和草原骑兵对阵。这也太异想天开了,打架也是要有技术的,特别是拿着兵器打群架,更是如此。而骑着马打架,还能在马上射出非常准的箭,对于这些农民出身的孩子们来说,则就太强人所难了。

汉武帝为解决这个问题,专门选拔一些出身好、家里有一定的经济基础且思想品德优异的好孩子,拉到一个特定的地方,长期训练他们的作战能力,组成具有特种兵素质的骑兵部队,让具有特种兵天才的霍去病带走,对匈奴实施黑虎掏心式的致命打击。而汉朝虽然也尊重、重用文化人,但却严格实行军功爵制度,一个人想被封侯，没有军功是不行的。这个激励制度摆在那里，对那些想富贵的百姓们，诱惑是极大的。既然立军功能获得如此大的回报，那么，平时下点力气练习骑射，以及其他和打仗有关的技术，百姓们的积极性自然也是高涨的。不用说，那时候汉武帝打匈奴，和后世的王朝相比，在兵源数量和质量上发的愁要少多了。

只是依靠农耕经济支撑在草原上的战争，一时半会儿还可以，时间长了，也是很成问题的，如果不是汉武帝个人素质实在是超群，中原王朝的文化和制度给予他鼎力支持，汉政府其实很难和匈奴打这种对攻战，而且一打就是几十年。汉武帝之后的历代皇帝，有个别雄武、有远大志向的，比如明成祖朱棣，模仿了他的作为，但也都没有像他那样持之以恒、锲而不舍，倒不是这些帝王在毅力和志气不如他，关键是实在难以支持，支持下去可能死得更惨。

四

汉唐之后的封建王朝逐渐趋于内敛，也就是安内重于攘外，皇帝最害怕"窝里反"。而马是战略资源，如果民间存的马太多，一旦出现造反作乱的事，跨上马的造反者给朝廷添乱，就更难被平定下去了。考虑到此，不自信的朝廷又如何能放心大胆地让这些重要的战略物资流落到民间呢？

清朝末年，活跃在江淮地带的捻军就是一支很善于骑马造反的队伍。当太平天国在南方攻城略地时，北方的捻军闹得气势一点也不算小。这些捻军拥有非常强悍的骑兵部队，清政府只得把蒙古王爷僧格林沁派上去，希望骑兵对骑兵，剿灭捻军于平原地带。

可实际情况却让朝廷也很憋屈。僧格林沁的蒙古骑兵算是自古以来闻名世界的精锐骑兵，在自发组织起来的捻军面前，其实也一直没占到多少便宜。1865 年 5 月，僧格林沁率军追击捻军主力，到达高楼寨之南的解元集地区。没承想，竟然让捻军包了饺子。一仗下来，蒙古骑兵全军覆没，大败亏输。这也就罢了，可统帅僧格林沁竟然也被一名普通的捻军士兵活活地砍死在麦地里。

现在看来，即使清朝灭掉太平天国，如果不是捻军自己过于迷信流动作战，没有多少像样的文化人参与他们的造反事业，以及南方的太平天国不争气，还指不定捻军要折腾到何时。看那阵势，把蒙古八旗军从地球上抹干净，也不是不可能的。而所谓的"同治中兴"也就不好意思提了。

既然不信任民间养马，国家只能亲力亲为，建立国营养马场。当然，从科学的角度看，这样做的好处也是有的。国家通过行政命令等强制的方式，把流散在各地的马匹集中起来饲养，实现集约化、规范化和规模化的饲养。只要管理者用心负责，在国营养马场完全能够出现投入少、效果好的局面，从而实现经济学意义上的"规模效益"。

这么想是很好的，逻辑上好像也没什么太大问题。不过，大家都知道，国营制度的弊端是很明显、很普遍的，政府一旦对某类经济事务大包大揽，很少不把"好经给唱歪"的。原因很简单，国营单位很难拿出有效的办法，遏制代理人（也就是经理或董事长）假公济私、营私舞弊的行为，也很难激励他们以真正的主人翁态度从事经营活动,更不容易把真正有能耐的经营奇才选拔到领导岗位上。为此,在国营单位中,低效率和腐败等问题也就几乎无法避免了。

在古代中国,朝廷开的马场也面临着很尴尬的局面,看着很红火,但投入产出比实在难以恭维。在这些马场里出来的战马不但品质没什么保证,而且竟然出现越养越少的局面。可以想象,那些军马在国营养马场遭了多大的罪。那些战马在大家面前能站着不打晃儿,就已经算是相当不丢人现眼了。如果还指望这些马昂首阔步、器宇轩昂,继而驮着骑兵冲锋陷阵、斩将夺旗,那也就太天真了。

北宋末年,宋徽宗到处开国营马场,本想着建立雄壮的骑兵,和北边、西北边的强敌打对攻战。当金军打到汴梁城下时,朝廷下令把骑兵拉出来。可是,在整个都城周围扒拉来扒拉去,也不过才凑够了2万匹所谓的"战马"。把这些战马拉出去迎战,情形也就可想而知了。仅从骑兵的德行看,宋军打不过金军,宋朝的两位皇帝也被金军"请"到北边"打猎",只能怪宋朝自己不争气,自作自受,还真不能全怪金军太凶猛。

这么看,因为地理的原因和中原人自己不争气,草原民族在马上形成的骄傲才变得越来越实在了。

五

不过要说,中原王朝面对草原骑兵,只有像汉武帝那样,才能有所作为,当然也是不对的。当年,刘邦因为一时大意,被匈奴骑兵包围在白登山，虽然情形很危险，但匈奴骑兵想攻上山头，活捉大汉天子刘邦，也是相当有难度的。汉军的步兵方阵，以及手上拿的强弓硬弩、长矛盾牌，也不是吃素的。如果不服气，匈奴硬是要强攻，组织严密的汉军一旦稳住阵脚，还占据居高临下的地形优势，匈奴骑兵想攻上去，也是要拿尸山血海来换的。

公元前99年，汉武帝命令飞将军李广的孙子李陵押送辎重物品，随贰师将军李广利征伐天山一带的匈奴。可作为名将之后的李陵，不愿意当人家的跟班，非常希望独立领军直接把在天山一带的匈奴左贤王灭了，为李广家族建功立业。李陵告诉汉武帝："我带的兵都是屯边的将士，虽然荆楚那一带的人马上功夫不太行，可都是射杀和格斗的高手，特别是射箭水平不是一般人能比的，希望皇帝让我带着五千步兵到兰干山南边独立作战。"汉武帝则说，你去没问题，可一匹马都给不了你。李陵竟然不在乎，不但要以少胜多，还要直接掏了匈奴左贤王的老巢。后来，左贤王很重视李陵这支孤军，一下子就拿出3万多的骑兵来围攻他。人家李陵带了50万支箭矢，组织得当，边打边撤，匈奴骑兵硬是吃不掉这块含到嘴里的肉，还搭进去1万多骑兵的性命。匈奴人彻底恼了，死战不退，在距离汉朝边塞仅百里的地方，李陵的队伍把箭矢射完了，而救兵也没来。没办法，李陵投降了。从这次历史上非常著名的战斗看，只要组织体系没问题，仅靠步兵，中原王朝的军队在战场上不会吃多少亏。类似的战斗在公元75年再次上演，东汉名将耿恭在西域的疏勒城被2万匈奴兵包围，耿恭率领数百步兵，依靠强弓硬弩，居高临下，坚守城池，苦战几个月，匈奴却拿耿恭这支孤军毫无办法。

宋朝初年，宋太宗赵光义组织北伐契丹，不管他在不在对敌前线，都要求将领们使用"平戎万全阵"。据说，宋军依据这个阵图，组织了14万人的步兵方阵。有些在前线的将领看到这个钦定的阵图，非常恼火。"觉得你太宗皇帝会打仗么？仗着大哥、一代战神赵匡胤死了，自己开始当家做主瞎指挥，真的以为当了皇帝就啥都懂了？真的以为摆个阵，就能斩将夺旗么？"后世人也经常嘲笑宋太宗这种"纸上谈兵"的做法。可现在想想，宋太宗难道不知道自己这么做的荒诞么？他可是和自己大哥赵匡胤一起出道的开国功臣，虽然大哥在的时候，他没怎么指挥过作战，可干着"开国"的工作，赵光义对那些基本的军事常识还是懂的。

赵光义这么做，其实也很无奈。当时，与契丹骑兵相比，宋军的骑兵基本上可以说是"打酱油"水平，不但数量少，作战能力更不用提了。可步兵就不一样了，步兵的组织能力和作战能力可不是在马背上打天下的契丹所能比的。赵光义冒天下之大不韪，困住宋军手脚，其实本意是想发挥宋军步兵强悍的作战优势。他知道，一旦步兵方阵乱了阵脚，或者主动冲杀，散了阵型，很容易被善于钻空子的契丹骑兵分割冲杀。而几十万的步兵一旦失去指挥，陷入混乱状态，其实根本就不需要人家契丹人来杀，仅仅争相逃命，自相践踏，也都足够死伤累累，以至于瞬间溃散。别说消灭人家契丹，兄弟们能活着回来都算是大宋运气好、将领指挥出神入化了。

赵光义逼着大家用他亲自圈点的大阵图，原因是阵图被涂上皇家的威严，前方将领不敢随便违逆。防止一些脾气急还自视牛哄哄的将领，拿出"将在外，君命有所不受"的传统惯例，和契丹兵打对攻战，有了这个钦定的阵图，一些将领认识到步兵及其方阵是宋军不败的法宝。当然，这还是其次的原因，更主要的是，赵光义组织的北伐以及在西北的战事，主要是占领土地，把契丹、西夏逐出燕云十六州和贺兰山，以占地为主要战略目标，自然不会像汉武帝那样搞那么多突袭和偷袭。只是契丹的步兵虽然不如宋军，但宋朝还是因为最终没有稳住阵脚，北伐军没有完成使命。如果那时候，宋军有电话之类的通信设施，大概方阵的协调性和组织性会更强，契丹也好，西夏也罢，则很难守住贺兰山和燕云十六州了。

这么看，如果是占领某块地域为战略目标，中原王朝的步兵再配上少量的骑兵来对付骄傲的草原骑兵，其实也不会太丢人现眼，玩好了，战场上还会有不俗的表现。

蒙古骑兵曾经横扫欧亚大陆，但成吉思汗以及他的子孙最初攻略的地方可不是南宋，而是沿着纬线向西打了过去。依靠手中远程弓箭，使得欧洲列国只有挨打的份了。和金军的铁浮屠不一样，蒙古骑兵是不会直接冲击站稳脚跟的步兵方阵，而是在步兵方阵的远处射箭。步兵一旦没有能力射出和蒙古骑兵一样远的弓弩，则只能缩着脖子挨人家射了。命好的躲在盾牌后面还能保命，可无论哪里的步兵方阵也挨不住蒙古骑兵没完没了的攻击啊。

兵士们总是要"下班"的，即便不方便"下班"，也总是要吃饭、喝水和睡觉的。可一旦从战场上往回撤或者在战场上喝水吃饭打盹儿，人家蒙古骑兵可就不给你机会了。步兵在撤的过程中或者在休息时，还能像严阵以待时那么严丝合缝、无懈可击么？一旦阵型松动，人家蒙古骑兵如雨的弓箭射了过来，肯定有大批的人中箭倒地，见到此时此景，大家怎么可能还保持淡定呢？不用想，一旦将领下令撤退，步兵们从开始有计划的"撤退的节奏"，很可能不由自主地转化成"逃跑的节奏"。这时候，在远处的蒙古骑兵要的就是这样的结果，自然不会放过战机，一般情况下，从"逗你玩"式的作战模式转变成突击模式，从正面和两翼包抄过来。蒙古骑兵一旦启动冲锋模式，最可恨的是还有一支蒙古骑兵已经"神不知鬼不觉"地在步兵回程的路上等着，专打一心逃命的兵士。在地上跑的步兵变成骑兵的"活靶子"，可悲的是这时候步兵们根本没工夫和能力还手，搞什么防守反击就更不可能了。而蒙古骑兵一旦杀得兴起，放马冲杀过来，惊慌失措、四散奔逃的步兵也还是没法还手。即便过招，丢掉阵型的步兵能打过冲锋中的骑兵么？比战友跑得快、跑得巧，才是活命的法宝。

可是，当蒙古骑兵沿着经线南下打下去时，却也遇到了敌手。首先在钓鱼城，蒙古大汗蒙哥亲率蒙古军力，拿出浑身本领，最终也没打下这个孤城，自己还被人家给打死了。在汉江边的襄樊，更是蒙古军团做噩梦的地方。蒙元对襄樊展开了近四十年的攻打，死了的人不可计数，花的钱也是数以亿计，最后依靠投降过来的汉人，打下了这个让蒙古人恨得发抖的弹丸之地。回想近四十年的腥风血雨，面对用几代先烈们的血肉之躯换来的襄樊，蒙古人该是如何泣血感慨呢？

到了元朝末年，朱元璋起兵攻打蒙元，最终把蒙元势力逐出中原。朱元璋的成功当然有很多原因，如果仅仅看作战层面上的原因，其实蒙元被打跑根本不是什么小概率事件。朱元璋虽然没什么文化，但他对新鲜事物非常敏感，特别是对武器装备，一旦发现有好武器，第一时间就用起来。朱元璋带着他的部队准备南渡长江攻打集庆，也就是今天的南京。部队到达江北的和州，当时一个叫焦玉的匠人来找他，献上了几十条"红龙枪"。这种枪能洞穿一层皮革。朱元璋对这个新式武器非常欣赏，马上在全军装备。从此，明军的火器如火如荼地发展起来。仗着自己火器精良，朱元璋在江西打败竞争对手陈友谅，在苏浙地带灭掉了张士诚。而他的义子沐英也是用火器在云南打得当地土著人头领思伦发丢盔卸甲。哪怕把象兵用上，土著人也毫无办法。当时，沐英用叠阵，解决了火器无法连续射击的难题。即使敌人疯狂进击，也无法冲过明军火枪毫无间歇的弹雨。后来，普鲁士也是以这样的步兵阵型称雄欧洲。

可以想象，朱元璋带着火枪兵以及大炮向北攻伐。蒙元骑兵攻不下明军的方阵，可明军攻占一块地方后，因为有大炮和火枪助阵，蒙元即使反攻，也很难取得什么实质性的效果。眼睁睁地看着自己的地盘一点点被南来的明军吃掉，面对此时此景，在大都的元朝皇帝不主动北逃，还能干啥呢？与其最后被明军围困在大都城里，还不如在明军围城之前，主动跑到草原去。至少草原地方大，跑的时候总是有地方去。实在不行，不是还有更加广袤的西伯利亚和欧洲可以去么？明军的骑兵毕竟不算多，打不过他们还跑不过他们么？

后来，戚继光在长城边守卫都城时，城墙上架的也是密密麻麻的枪炮。当时草原骑兵很少过来和戚家军过招。现在我们知道了，过招也没用，你们蒙古骑兵在火枪和大炮面前，其实没什么咒好念。

即便后来,草原军团攻破长城,杀到了北京城下,那又如何呢?不是蒙古骑兵不想攻城,也不是不会攻,而且也攻了,结果又能如何呢?大败亏输后,也只能灰溜溜地抢点值钱的东西。可想把躲在紫禁城里的皇帝抓到手,势必比登天还难。

在马上,草原骑兵曾走出草原,向南,跨过长江;向西,跑到多瑙河饮水;向东,冲到了日本海。只有在丛林和大海面前,他们停下了"马步"。这也是可以理解的,马毕竟不是猴子能爬树,不是鲨鱼能入海。

当步枪、机枪、大炮和坦克主宰人类战场时,骑兵就成了一个夕阳兵种。这也难怪,马就是跑得再快,总是跑不过以秒计速的子弹吧。马身上披的战甲就是再硬实,总比不过坦克的钢铁之躯吧。当骑兵向马克沁重机枪和坦克冲锋时,夕阳下是一片残血,马上的骄傲彻底终结,骑兵以悲壮的姿态走进了历史,再也没有回头。

扫一扫收听本节音频

长城边上的第三种人

一

在中国历史上,如果一个人一出生就发现自己是在长城附近,那么他在后来的成长过程中,就会越来越发现自己很郁闷。原因之一是每天早晨一睁开眼,就要应付从南边来的北伐军或是从北边来的南征军。整天处于打仗和准备打仗的状态,没准哪天就被人砍了脑袋,一般人在精神层面上是很难忍受的。

不过,据说,人是一种很容易适应环境的动物,尽管在草原民族和中原人拉锯之地,活着很不易,但如果能长期生活在这里,也不是完全不能适应。说起来,如果不打仗的话,在这里的人可以选择三种生产生活的方式,要么游牧,要么农耕,或者一边游牧,一边农耕。这么看,生活还是比较丰富的。

可是,这里面就有一个很纠结的问题。在文化意义上,很难比较确定地找到这些人的文化本源和归属。也就说,说他们是来自中原的汉人,或者是来自草原的少数民族,好像都可以,但也好像都不太合适。如果非要归类地话，应该给他们定义为"第三种人"。

纵观中国历史，在大部分时间里是北边的草原民族控制着这些第三种人。这也很好理解，原因无非是在冷兵器时代，草原民族仗着自己胯下有马、战士训练有素，养成吃苦耐劳、敢于拼命的品性。因为有这些战略优势，平时和中原人打仗，总能在战略上形成对中原王朝的压倒性优势，或者说，不会处于被动挨打的不利地位。他们依靠骑兵作战，打不了，总还能跑得了。

更关键的是，中原王朝惯用郡县制度来治理地方，可这种方式对治理以从事静态的农业生产为主的农耕地区效果很好，可对从事游牧生产的草原地区，制度运行的成本就太高了。中原王朝的统治触角一旦跨过长城或者在长城南北地带，就会深感力不从心，从收益上看，经常是入不敷出、得不偿失。因此，中原王朝对统治长城以北地区，就没多大兴趣了。

从意识形态上讲，脱胎于农耕文明、深受儒家学说浸染的中原王朝，一般而言都比较反感"第三种人"。在他们看来，"非我族类，其心必异"。一个人越过长城，发誓不再回来，也就自觉自愿地成为乱臣贼子了。在皇帝看来，没啥好说的，这些人都该死。在这种情况下，中原王朝自然不会认真思考如何去治理这"第三种人"了。

但是，草原民族经常遇到一个比较烦心的问题。既然在长城内外的这拨人大体上归自己统治和管辖，但草原帝国如何控制住他们，让他们成为自己治下的顺民，使他们为自己提供很好的服务呢？这个看似简单的问题，其实说起来也不简单。

二

　　按传统的理解，秦汉以降，中原王朝修筑长城，无非是为了抵御北边的草原军团。可是，如果仅这么理解，就显得有点偏颇了。其实，从秦汉时期，中原王朝修长城以及在长城设立关卡，有阻止中原百姓外逃到草原的意思。

　　大家知道，在专制皇权下，普通百姓生活不易，遇到天灾人祸、瘟疫流行，很难得到有效救济。百姓被皇帝派出的狗腿们欺负得无处可逃，不得已触犯了王法，也就很常见了。由于诸如此类的原因，很多人会经常陷入上天找不到路、下地找不到门的境地。这时候，在长城以南生活的百姓们，为求一条活路，也是很愿意主动和草原民族融合在一起的。虽然这些外逃的中原人跑到草原，过上放牧、流浪的生活，当然不如在农耕地区活得滋润，但总好过被活活戕害而死或者饿死、病死吧。

　　在金庸的小说《射雕英雄传》中，郭靖的母亲李萍在临安郊区的牛家庄被官府迫害，活不下去了，为了躲避政治迫害，不得不千里迢迢地跑到草原。在草原上，李萍过上牧人的生活，独自把儿子郭靖养大。在真实的历史中，像李萍这样的中原人应该也是不少见的。

　　可是，如果大家都因为在中原活不下去或者活得不舒心而跑到草原，中原王朝的皇帝还向谁收税，向谁要劳役？难不成还能指望"九五之尊"和达官贵人们主动克扣平时花销，放下身段，面带微笑地把那些逃跑的子民再请回来么？因此，拦住百姓们逃亡到草原，也是长城非常重要的功能。

这些偷偷跑过长城的中原人，如果不是万不得已，一般也不会跑得太远，而愿意住在距离长城较近的地方。一方面，在这里毕竟靠近中原地区，在生活环境上和中原差距不太大，容易很快适应。另一方面，万一在草原上也活得不舒坦、很纠结，在这里还很容易打听到"中原王朝又开始对老百姓好了"的消息，这时候，大家伙南下回到中原地区继续生活，付出的交通成本也是相对较低的。这些人实际上是"第三种人"最主要的组成部分。

当然，还有另外一些中原人，是草原军团南下抢劫时，被掳掠到长城以北地区的，或者在战争中当了俘虏，被抓到草原的人。这些人聚少成多，在北边待的时间长了，子子孙孙繁衍下来，后代们"认他乡为故乡"也是顺理成章的。他们是另一拨"第三种人"的重要来源。

最后一拨"第三种人"则是草原民族那里来的。他们要么是因为在草原地带生活感到不易主动跑到这里，要么是因为被中原来的军队俘虏后留在这里的。这些人的后代长期生活在长城边，时间长了，大家也都不觉得或者说不愿意觉得自己是草原来的了。

三

匈奴驰骋草原，开始和汉朝打交道，就面临如何管理第三种人的问题。匈奴人通过征战，把在长城附近的汉人带到草原，成为他们的奴隶，为他们那里掌权的贵族们生产各种中原地区的好东西。可是，草原缺乏工具和资源，仅仅有人也是不行的，即使勉强能生产一些东西，当然也不够匈奴贵族挥霍和广大草原地区的百姓花销的。为此，匈奴不得不经常南下去抢一些"现成的"。

可是，匈奴屡犯汉境，别说在长城内外建立半游牧、半定居的社区，让"第三种人"在那里生产劳作，就是想渡过黄河，偶尔到河套地区放一下牧，汉朝也绝不答应。那时候，卫青、霍去病深入大漠，把匈奴打得北逃西窜，匈奴为此付出了巨大代价。

在东汉时候，南附中原的匈奴人分布在长城内外，大部分集中在今天的山西地区。他们既保留了匈奴的文化传统和组织生活方式，比如，保留了左右贤王的编制，同时，也自觉或者不自觉地沾染上中原文化的气质。到了西晋的时候，左贤王刘豹的儿子刘渊不但人长得帅气俊朗，汉文化水平也是出类拔萃。他年轻的时候，不但按照儒家的做人做事规范严格要求自己，而且还勤奋好学，像《春秋》《左传》《史记》《汉书》之类的中原文化经典，他都深有研究，并且拜上党地区著名的文化人崔游为师。刻苦的自学再加上名师指点，即便在当时的汉人知识分子中，刘渊也绝对是一流的好学生、好学者。

作为匈奴单于的后裔，他在学习文化知识的同时，也勤加练习武功，马上的骑射功夫更是他专心练习的项目，这可是匈奴人引以为豪的传统功夫，刘渊的努力成果令世人刮目相看。刘渊文武齐备，长相还不俗，集才华与美貌于一身，而这样的人竟然还是地方割据势力的嫡系传人，在那个时代，刘渊毫无悬念地成为政治明星。

西晋王朝是一个从内到外都透着虚弱气质的王朝。它从人家曹魏王朝的孤儿寡母手上骗夺来皇位，从诞生之日起，就让当时有节操的和后世有信仰的人看不起。晋朝自己也知道自己真实实力有几斤几两，对盘踞在山西的匈奴人不敢惹，也就更不愿实施有效的管理。自从接父亲的班后，刘渊充分施展自己文治武功方面的才华，精心治理父辈留下这片不算大但还算有模样的家业。

晋武帝死后，晋朝的八个王爷为争夺皇位打来打去，把都城洛阳折腾得残破不堪，整个国家也乱成"一锅粥"。刘渊看到独立为王的时机已经成熟。公元304年，他自称汉王，把那个名声不太好、还算正统的刘禅，追尊为孝怀皇帝。他之所以如此为之，是因为在他看来，这是汉匈和亲的产物。追溯到刘邦时代，先祖冒顿单于娶了汉朝公主，繁衍生息几百年后，这个世界上才有了他这么一个人物。既然身上流着汉朝皇族的血液，而汉家王朝却被曹家、司马家先后霸占，他刘渊理应跳出来，为外公家出头，报仇雪恨。以汉家子嗣的身份延续汉朝国祚，是合情合理又合法的。那时候"八王之乱"已经够让晋朝失魂落魄了，没人有闲工夫和他较真去查他的家谱，更没人有心思去和他讲理。

刘渊的崛起说明，"第三种人"一旦南下和中原王朝深度融合后，"汉匈不两侵"并不是什么清规戒律。草原民族在长城内外生活久了，一旦失去外部控制，最终也能打消文化隔膜，成为中原王朝的一部分。刘渊代表"草原"第一次深入中原地带，通过"第三种人"的身份建国，开启了草原民族在中原惊心动魄、跌宕坎坷的"冒险之旅"。

在匈奴内迁和西逃后，东胡的分支之一鲜卑族在草原崛起，逐渐靠着军事势力打败群雄，最后入主中原，并在中原地带主动接受彻底汉化。这时候，长城内外的"第三种人"不再是民族冲突的前沿，草原游牧和中原农耕的生产生活方式在这个时候能够融合起来。不过，"第三种人"的价值在之后的历史中却越来越显见。

唐朝的建立者本质上也应归于"第三种人"。他们身上有着游牧民族的战斗意志和狡猾本性，也有汉人的儒雅风范和知书达理的外表。这个国家在放达豪迈中不失中规中矩的一面。比较而言，同样作为中原的统一王朝，虽然汉朝对外也是积极主动，体现出"敢犯强汉者，虽远必诛"的霸气，但汉唐这种表面相似的气质还是有所不同的。对来自草原的袭扰，汉朝的反击更显保守气质，而唐朝的反击则更显开放的气度：也就是唐朝不太把草原人当外人，小家子气不太浓。

在唐朝的治理下，安禄山、史思明等人成为"第三种人"中的杰出代表。如果看唐朝的户籍，这两位仁兄自然是唐朝时期的少数民族。如果参加高考，理应被照顾，也就是在已有成绩上多加十几分，不过，相信这两位仁兄对此不会太感兴趣。虽然这两位不会像李白、王维、白居易那样，憋着劲儿参加唐朝的"高考"。可是，他们也属于很上进、有追求的一类人，不走科举之路，但选择了向李渊、李世民父子学习，走造反这条路，向上流社会努力迈进。虽然他们两位平时不太注重文化学习，不过，由于这两位长期在艰苦的边塞替唐王朝守卫国土，必要的文化还是要学点的，否则如何接待中央来考核工作的大员并且看懂中央来的文书呢？但整体上看，他们下功夫学习的文化知识更多地集中在兵法、权谋等方面。毕竟他们从事的主要工作是打仗，之前是和草原上没文化修养的部落打，后来是和文明发达的唐王朝打，没有强健的体魄和耍诡诈的高超本领是不行的。这两位仁兄起兵造反后的表现是很吓人的。南下打下了洛阳,向西打下潼关,攻入长安,逼得唐玄宗李隆基逃到巴蜀,途中还应官民请求,赐死了爱妃杨玉环,狼狈到连皇帝都不好意思干,儿子李亨顺势当上了皇帝,李隆基只能屈居太上皇了。

当时,张巡在睢阳死战不降,牢牢地控制住大运河上这个关键的运输枢纽站,叛军始终无法利用运河南下去打江南。很难想象,在唐王朝惊慌失措、皇帝夺路而逃的时候,叛军顺利地打下睢阳,江南还能支撑多久?而如果江南也被叛军打下来,唐王朝哪能像后来那样,依靠江南源源不断的供给实现反败为胜呢?唐朝的国祚没有提前被叛军掐断,张巡之功无论怎么被拔高都是不为过的。

四

现在,大家可能也看出来了,中原王朝不待见"第三种人",一个原因是这些人身上有游牧习气,文化品性上与讲究忠孝节义的儒家文化格格不入,随时可能变成"天王老子也不怕"的造反者,这让中原王朝心有余悸。

另一个原因是,这些人是游牧文化和中原文化交融后的产物,这些沾染了中原先进文化且气质彪悍的人闹将起来,他们比纯粹的草原民族更危险了。与纯粹的草原军团相比,这些人组成的造反力量中,有游牧骑兵也有组织严密的步兵,草原军团抵不过,可中原王朝的军队也是很难打得过的。

第三个原因,则是他们开始闹事的地方在长城内外,长城以及长城周围的崇山峻岭在这些人面前可以说是形同虚设。虽然有长城，不见得能抵抗住草原军团的南侵，可没了长城，不是更难了么？

出于保护自己生命安全的角度考虑，唐朝以后的中原王朝都汲取了唐朝的教训，当然会对"第三种人"提防多于信任。后来的宋朝从建国起，就没把燕云十六州拿到手里，它也就没有机会提防"第三种人"了。这些人实际上经常加入草原帝国和宋朝对抗，或者南下去宋朝抢劫。从隋唐之后，长城的"终点站"变成著名的山海关，幽州这个地方成为长城防线上最重要的战略支撑点。这时候的"第三种人"是在契丹族开创的大辽国治下。辽国很重视这块风水宝地，围绕幽州精心打造出自成体系的国防体系以及产业链完善的生产体系。在这里，不但成为和宋朝进行军事对抗的前线，也是开展贸易的"桥头堡"。

不过，宋朝不知道是出于文化自信还是民族自信，总是对这些人抱有很高的期望。觉得他们流着汉人的血，从骨子里，应该对中原王朝倍感亲切。更何况，宋朝的生活是如此美好，磁场如此强大，长城边上的"第三种人"平时应该努力拿到大宋的"绿卡"，这时更是盼望拿到大宋的"身份证"。宋徽宗派兵去攻打幽州，希望和金朝两面夹击，把辽国剩在幽州的"残羹冷炙"打扫干净，报了祖上北伐失败的仇，也完成"收复燕云十六州"这个让历代先皇们死不瞑目的夙愿。当时，从宋朝皇帝到部分带兵将领想当然地认为，既然幽州的汉族百姓对宋军的到来翘首以盼，想必已然做好和宋军里应外合、全歼辽军的准备了。

可实际上，幽州的汉族百姓根本不买宋军的账。这也不能怪人家，两百多年都过去了，指望幽州的百姓为回归宋朝怀抱而支持宋朝北伐，显然是一种"刻舟求剑"式的幼稚思维。这些人虽然对大辽国不见得多么倾心以待，但对你大宋朝就爱之深切么？要知道，从唐朝初年开始，甚至往前推到战国时期，燕赵多慷慨悲歌之士，从精神气质和文化涵养上讲，他们和中原腹地的人就存着很大的差异。更何况，这里的人又被契丹这个纯粹的草原民族实施了这么长时间的统治呢？之前，宋朝在和辽国闹别扭时，不管是打仗还是搞贸易摩擦，没少把这一带的"第三种人"给"一勺烩"了。人家幽州的百姓有什么过硬理由，非要加入你大宋的户籍呢？

辽国、金国和蒙元则更无须提防"第三种人"了，在这些王朝，国土横跨长城上下百千里，"第三种人"其实就是王朝治下的普通子民。可到了明朝，对"第三种人"的提防是相当重的，明朝的君臣非常清楚，一旦放松对这些人的警惕，后果会有多么严重。

五

按照美国学者拉铁摩尔的说法，游牧制度是建立在粗放经济及人口分散原则之上的，是农业民族精深经济和人口集中原则的极端反向发展。在唐朝以后，在草原上崛起的突厥、契丹、女真等民族，纷纷建立起草原帝国。对这些草原帝国而言，在长城内外的这些人其实是很好的生产资源，他们能够为帝国的上层贵族提供大量来自汉族的优质文化和农耕地区的物资，这些东西是草原地区无论如何也难以自产的。

契丹占领燕云十六州之后，和南来的北宋军队打了二十多年的仗，死活也不愿意把这块地盘让出来。其中一个原因当然是以后再和北宋闹别扭，能够占据战略主动。毕竟燕云十六州在手上，契丹人随时可以跨马挥刀在河北大平原上纵横驰骋，省得在长城根儿、燕山脚下爬山强攻。但另一个原因可能也是相当重要的，这就是契丹贵族们喜欢这里的物产和与中原血脉相连的文化。

从那时以后，契丹帝国或者说辽国，一直以来都以极度认真的态度来对待生活在长城内外的"第三种人"。

尽管如此，但契丹贵族也认识到，不能忘了本，不能让所有的契丹人都挤到长城内外，而必须在草原深处保留大量的游牧民。但是，这些游牧民在苦寒地带的生活当然很难受，和长城内外的第三种人相比，他们的物质生活和精神生活相当贫瘠。

可是，如果指望草原帝国的上层贵族看在他们是帝国的"擎天柱"而主动地改善他们的生活，也是不可能的。原因很简单，从国库里往外拿东西，皇帝实在舍不得，而让广大贵族捐款，也没法操作。大家知道，既然是贵族，肯定要有贵族的风范，家里养奴婢、吃穿上很讲究、出门要有像样子的车马，对于普通百姓这叫显摆，可对贵族而言则都是必备的。养奴婢、供应车马和吃喝，都是要花钱的。贵族们的子孙也都要享受这些待遇，随着时间的推移，贵族家庭的花销只能是越来越大。看过《红楼梦》的人都知道，贾府虽然豪华、气派，可依然每天为钱不够用发愁。贵族也是人，不管手上有多少财产，与欲望相比，也总会感觉余粮不够，未来是没保证的，这是人之常情。

再说了，从操作层面上看，这种救济穷人的制度也是不可持续的。即使偶尔国家救济草原深处的穷人或灾民，可在万恶的帝国时代，社会保障制度总是看着华丽、用着"掉底"。朝廷发下去的救济款能有三成落到穷人或灾民的手里，那也就算是皇恩浩荡、官员忠诚了。

同时，契丹贵族们知道，这些游牧民生活在苦寒地带，生产方式充满了军事化色彩，是草原帝国可以依赖的军事资源，没了他们替帝国征战和看家护院，是万万不能的。这种人平时也不会积极训练自己的作战技巧和能力，即使被驱赶着上了战场，也是累赘。

而穷，往往是一个人玩命打仗的主要原因。反正穷活着也没意思，只有一条命还算值点钱，不如用于打仗。期间，抢钱，抢粮，抢女人，只要能活着回去，这些人还是有过好日子的可能。因此，纵观古今中外，穷困往往促使一个人喜欢靠打架斗狠来解决问题、维护尊严，让这种人再换个地方去打，心理上也不会有不适应，带着这种听说要去打人、不但不难过还很兴奋的兵出征，统帅的心里自然是相当踏实的。直到今天，在非洲的一些贫穷地区，当海盗、当反政府的叛军、当匪徒，虽然大家也不觉得多么正当，可总好过饿死、穷死。一旦这些人上了海盗船或者加入反政府武装，不管干的工作是否专业，但凶狠则是一定的。如果对这些人再给予专业化的军事训练，不用太大的利益诱惑，都可能成为彪悍之师。

因此，草原帝国的"上层建筑"为了防止那些战斗力强大的草原骑兵因为过上好日子而变成战场上的软蛋熊包，变着法地阻止让实际上和自己血脉相连的穷兄弟们和自己一样，过上精致、优雅、富足的美好生活。

六

实践表明，草原帝国的上层建筑这样安排还是有一定道理的。从史书看，来自草原的兵将被派到长城内外或者中原地区保卫胜利果实，如果不让他们从哪来还回哪去，一般到第三代甚至第二代之后，这些人的后代就被彻底汉化了。这些人在生活上不习惯游牧不说，精神上也开始更接近于文质彬彬的中原文化人或者老实巴交的农民。让这些人去打仗，在效率与效果上，怎能和草原深处来的兄弟相提并论呢？

契丹族建立辽国，为了避免在其治下的子民都变成对打仗很生疏的农民，实行了"南北院"制度，而且还明确规定"南衙不掌兵，北衙不理民"。这样的制度实际上是想让帝国能"脚踏两只船"。用人打仗时，就调北部的穷兄弟来，用人治国和生产时，就用长城内外的"第三种人"。可以说，文武都不废，保证帝国这条大船永不沉。不过，从长远看，这样的国家制度却是行不通的。

在护步答冈之战中，据说，辽国末代皇帝天祚帝派出70万大军，去打只有2万人的金军，双方战斗力悬殊，辽国也被打得惨不忍睹。一般认为，这场决定两国命运的战斗之所以出现如此不可思议的结果，完全是因为辽太祖完颜阿骨打天纵英才、金军武力超群，而辽国兵将懦弱不堪、皇帝昏庸无能。但是，按照常理推断后我们发现，这种论调必须建立在一个很瞎扯的假设上，这就是在冷兵器时代，一个金军士兵平均消灭、俘获或者击溃35个左右的辽国士兵。很显然，这么解释非常肤浅，更像是在拍金国皇帝的马屁。

金能灭辽的原因当然很多，但最重要的原因应该是在辽国内部出了大问题。辽国的南北院制度执行了一二百年，使得在长城内外和皇帝、贵族们越活越像人，相对而言，另一部在草原深处的兄弟则越活越滑向非人的境地。女真人崛起时，辽国内部实际上已经分裂成两股互相看不惯的势力。

"是可忍，孰不可忍"，在草原内部，那些长年累月地耐穷受苦的兄弟们，又不是睁眼瞎，对此早已看在心里、恨在脸上。等到金军如狼似虎地扑过来，辽国的天祚帝想起了那些在苦寒之地的同宗兄弟了。这时候，他觍着脸喊出响亮的爱国口号，开出让人家卖命的赏格，号召这些穷兄弟为大辽的尊严去抵挡外辱。这么做明显是故意低估人家的智商，漠视人家作为正常人的感受。到了国破家亡的关键时候，这些内心憋着一肚子怨气没处发的穷兄弟们，如果不趁机造反，就已经算是爱皇帝爱国家，品格高尚了，还能指望他们奋勇杀敌么？

从辽国崩盘的状况看，整个国家其实不是被女真人吃掉的，即使没有女真人，辽国也早已骨质疏松，看样子离自动解体也为时不远了。女真人杀过来，不过是把辽国内部的矛盾摆到了桌面上，激化了辽国南北对立的情绪，金军的进攻无意中成了压倒辽国这匹大骆驼的"最后一根稻草"。

中原地区的生产力和科技文化水平远远超过草原地区，时间长了很容易就把草原帝国内部离间成了两个阶级对立的局面。这时候，

"第三种人"就变成草原帝国身上的"恶性肿瘤"了。

可以想见，在草原帝国内部矛盾激化后，别人揍它一下，这个帝国自然就会轰然倒塌。很多草原帝国的上层贵族们不知道这个问题，当然，也有很多聪明的贵族是知道的。不过，即使知道了，那又能如何呢？

扫一扫收听本节音频

耶律德光的难题

一

公元947年,辽太宗耶律德光很郁闷。在汴京这个繁华的大都市,到处涌动着浓浓的杀机,磨刀霍霍的老百姓成群结队地出门,群情激愤,以鱼死网破的"大无畏"精神,去找正在烧杀抢掠的契丹兵算总账。当初,这些人雄赳赳地杀进汴京时,迎着无限风光,现在则耷拉脑袋,无精打采,如丧家之犬,先前那点亢奋的精气神早已荡然无存。

后晋国第一代皇帝石敬瑭为了得到辽国的军事支持,曾和辽国签订契约,不但把燕云十六州送给辽国,还确定晋国是辽国的臣属番邦。为了表达求人办事的真诚,石敬瑭主动要求比自己小十来岁的耶律德光来当自己挂名的爹。但也就是在几个月前,后晋国的二世主石重贵向辽国表示愿意按规矩当孙子,却不愿意再当了臣子了。这个要求从表面上看,还是相当低三下四、不把自己当回事儿的,但不当臣子就意味着以后晋国和辽国都是一个层次的国家,谁和谁说话都可以站着。

这个如意算盘让辽国皇帝耶律德光一眼就看穿了。

对石重贵把脸一抹希望蒙混过关、提高自己地位的伎俩，辽国上下非常恼怒。在这样的气氛下，耶律德光马上表达了强硬态度，他的意思是你石重贵也不看看自己啥德行，还敢玩这种上不得台面的小把戏？

那时候，中原处于五代十国时期，政局混乱，辽国当然有充足的理由不把这里的王朝当回事儿了。毕竟不是汉唐时代了，你石重贵乳臭未干，晋国环伺皆敌，内政一塌糊涂，能够自保已经算是烧高香了。在这种情形下，主动玩这种低级的阴谋，不教训一下实在说不过去。不过，耶律德光仅看到自己教训人时的优势，却忽视了如何教训人的方式。以前契丹人在草原和别人争斗，早都习惯随遇而安，这次觉得自己的实力实在不含糊，按照习惯没带后勤补给就杀到了晋国。虽然耶律德光不尊重晋国以及那个自不量力的小皇帝，但很重视中原的文化制度。等到契丹兵把晋国的都城汴京打下后，耶律德光按照中原地带的习惯，光身穿汉服，头戴汉冠，在汴梁城登基当了皇帝，改国号为大辽，改元大同。这还不算完，按照中原王朝的组织结构和人事规矩，耶律德光封官场老油条冯道为太傅，设置完整的官僚组织机构，任命了各级官员。从表面上看，如不出意外，中原将进入另一个外族统治的新时代。

可是，等了一段时间，大老远跑来的契丹兵发现一个严重问题——契丹军要断粮了。没办法，耶律德光下令让契丹军按照在草原地带打仗的惯例去"打谷草"，也就是就地去抢当地百姓的余粮，在兵法上讲，这也叫"因粮于敌"。当然，在实践中，"打谷草"意思其实很广泛，除了抢粮，也有抢些丝绸、玛瑙、金银和好看女人的意思。

大家知道，五代十国的中原百姓早都习惯少数民族统治自己了，比如，石敬瑭、石重贵叔侄两个就是沙陀人，但这并不表示百姓家的余粮、金银财宝以及好看的婆娘，就可以被武力凶悍的入侵者随取随夺。大家都要吃饭，都要繁衍子嗣，眼看丢了粮食，丢了家眷，你就是一群天上下来的妖怪，老百姓也是要和你过招的，而且绝不手软。毕竟，被饿死、被欺负死，总比被打死窝囊。

再说了，按照"兔子不吃窝边的草"的传统理念，像契丹兵这样杀鸡还要取卵的做法，只有流寇才会干，习惯于以德治国的中原百姓，即便被朝廷忽悠，经常吃不饱或者过不好，但对这种赤裸裸的强盗做派，打心眼里反感。更何况，静态而稳定的农耕生产方式哪能经得起契丹人这样暴风骤雨般的折腾呢？

当时，耶律德光可能只想着占领中原，而又太迷信武力和强霸了，以为干掉石重贵，自己钻进后晋王朝打造好的壳里，就能舒舒服服地牧民施政了。从结果看，他高估了自己的武力，也低估了中原人的反弹能力。他也不想想看，以前的鲜卑族也是气势逼人，他们为何来到中原后，非要不择手段、连逼带哄地要求自己的族人被汉化呢？耶律德光其实不知道，用统治草原民族的方式来统治中原，这是一个根本解不开的难题。如果非要硬着来，只能吃大亏。

耶律德光从小和他爹耶律阿保机，也就是辽国神勇的开国太祖，东征西讨，历经百战，20岁就当上了兵马大元帅，算是见过世面、人见人怕之人。当耶律德光发现，出去打"谷草"的军队总是出去的多、回来的少时，立马也抓了瞎。

不过，在人民战争的汪洋大海中，他还是很有自知之明的，很快就非常知趣地找了一个人去"顶雷"，由这个人象征性地统治着中原，还说自己怕热，在汴京待着不舒服，必须北返。他这么做这么说总算给自己找了个糊弄自己的台阶下。当他带着已经被逼疯的兄弟们北归时，走到河北滦城的杀胡林，大概郁闷到了极限，内火攻心，一下子就病倒了。但此时，也不知道他哪根筋错乱，竟然还坚决要求"近女色"，最后自己将自己逼上了绝路。

史书记载，他的母亲萧太后执意要求亲眼看到他的死状。当时可是夏天，为了防止尸体生蛆腐烂，没别的办法，只能让厨师把耶律德光的尸体做成"木乃伊"，以防耶律德光的圣体烂成肉酱。之后，把这尸体千里迢迢地送回草原，让萧太后看了个真切。

耶律德光一走，中原很快被躲在太原看笑话的军阀刘知远夺了过去，一场轰轰烈烈的南征令人贻笑大方。

二

辽太宗耶律德光因为过于自信，带着辽国那些非常骄傲的雄狮在中原败北。这些习惯草原战争法则和治理原则的辽国君臣，在公元947年被巨大的胜利撞昏了头，最终被中原地区的人民逼得狼狈北窜，算是把他爹耶律阿保机的光辉形象败坏到了极点。

耶律德光北归的时候，也认识到自己办了件窝囊事。他对着大家说，因为自己乱搜刮百姓钱财，让契丹士兵去打谷草，以及没有早点让节度使去镇守已攻陷的地区，所以自己才被打出中原。看样子，他算是想明白了自己干了一件多么愚蠢的事。上天没有再给耶律德光任何机会，而且大概为了断了他以后再来一次的念想，所以，才在杀胡林这个地方把他给直接"做"掉了。而以后，上天也再没有给其他契丹人这样的机会。

其实，阿保机统治契丹的时候就已经认识到，对汉族集聚地区的统治不能按照契丹人习惯的方式来。必须按照实事求是、因地制宜的方针，采用汉人习惯的管理模式。为此，对在汉族集聚的辽东占领区，阿保机任用汉人来当官，还学着唐朝的政府组织体系，自己也搞了一个。

可以说，这个地区完全可以被看作中原王朝的"袖珍版"。因为没有太深的文化隔膜和管理上的不适感，在这里的汉人干活热情也是比较高涨的。不久之后，在辽东的汉族集聚区呈现出生机盎然、欣欣向荣的大好局面。从此，阿保机统领的部落不用靠抢也能获得和中原王朝品种差不多的物资，享受到相似的文化娱乐节目。

汉族人运用先进的技术和高效的管理机制，为阿保机提供源源不断的物质。依靠这些物质，有了底气的阿保机更加雄武无敌。而他自己也是有野心的一代雄主。为此，在有生之年，不停地挥师征伐，收拾完那些不老实的契丹部落，又先后打服了室韦、乌古、女真、奚人等草原部落。在草原上，他手上部落的实力居于首位。

大家都害怕阿保机的武力，被打疼了，也都老实了，纷纷放弃抵抗，表面上都当了阿保机的顺民。在军事上，阿保机取得一个接一个的成功之后，他像很多军事成功的人士一样，也萌生出一辈子当契丹"一把手"的念头。按说这种想法并不过分，因为人家靠实力长期霸占高位。但在契丹族那里，却让大家觉得很过分。

在契丹，"老大继承"制度是轮流坐庄式的。在同一辈人里，先是老大当大酋长或者说可汗。老大死或者任期结束了，老二再上，以此类推。如果兄弟们都能坚持活到比自己大的哥哥们死绝或者自己能挨到哥哥们的任期都结束，从理论上讲，每一代的兄弟们都能轮流过上当"一把手"的瘾。这种继承制度在草原其实很普遍，契丹族也不例外。

之前也说过，在恶劣的生存环境下，大家更希望和有能力、有实力的老大工作，不喜欢老大在不经过大家同意的情况下把"大位"传给自己指定的儿子。在草原民族看来，世袭制度相当不靠谱。一旦可汗之位只在老可汗指定的继承人那里世代相传，人选太狭窄，老可汗万一把位置传给一个窝囊废，暂且不说与其他民族和南边的中原王朝争斗会吃大亏，仅仅指望这个窝囊废带着大家伙抵抗天灾就够让大家不放心了。讲求实际的草原部落可不愿意忍耐到窝囊废自然死亡。当然，更关键的是环境太恶劣。因此，在老可汗的近亲或直系亲属范围内，选择那些成年且有实力的人带着大家与天斗、与人斗，是顺理成章、天经地义的传统规则。这种观念发展下来，到后来，契丹族的首领竟然是有任期的。在契丹那里，领袖选拔制度很像现代国家民主选任制度。从形式上看，契丹族提前一千多年，发展出"现代国家元首选任制度"，很可惜，最后还是被阿保机给毁了。

公元911年，阿保机连续两任的可汗任期已到，但他这时候当得正在兴头上，当然不舍得就此卸任。他仗着有实力、有威望，准备赖着不让位。可是,阿保机的叔叔大爷、兄弟子侄们在台下等得不耐烦了,看懂阿保机要耍赖乱规矩,大家马上急眼了。

  阿保机的四个兄弟剌葛、迭剌、寅底石和安端凑到一起算计阿保机。可是,安端这兄弟的老婆吃里爬外,把兄弟四个的诡计告诉了阿保机。阿保机把这四个兄弟抓起来后,并没有对他们下杀手,反倒起誓发愿,"兄弟们,我错了,明年我一定把位置让出来"。既然如此,大家也都消停了。但一年过后,也就是公元912年,阿保机到了兑现承诺的时候了,可是他还是耍起了赖。当然,被忽悠的兄弟们又急眼了。没办法,这可是你阿保机给逼的,别怨大家不给你面子。为此,他的兄弟们联合一些叔叔大爷再次凑到一起,嘀嘀咕咕,准备再来一次兵变。可这次,阿保机竟然又提前听说这个密谋。这次,阿保机也不废话了,趁着兄弟们还在统一思想、商量策略,他马上举行"柴册仪",也就是在空地上点柴祭天。通过这个仪式,他主动告诉上天,"我阿保机还是草原上的可汗、契丹族的大首领,是上天您在草原上最听话的代理人"。就因为阿保机提前搞了这个仪式,他的兄弟们这次又抓瞎了,竟然还主动跑到阿保机面前承认,"这次搞阴谋诡计实在太不应该了,大哥,我们又错了"。

  契丹族这种粗放的登基方式,很像幼儿园小朋友抢玩具。按照抢玩具的游戏规则,哪个小朋友机灵第一个抢到玩具,这个玩具就归谁玩。在成年人看来,这种规矩显得很没"规矩",没办法,在当时的契丹族那里,大家都玩这个游戏,也就很认可这个游戏的规则。当然,这种仪式到以后,则很规范了,特别是大辽国建立后,汉族知识分子参与进政权建设后,柴册仪的庄重感、神圣感才真正得以显现。这时候，谁能搞这个仪式，谁不能搞，不是某个人眼明手快就可以的，而必须让大家都赞同你搞，力推你去搞，甚至你不去搞，既对不起上天，更对不起黎民百姓，这时候搞出的柴册仪才有合法性，也才有价值。

阿保机的兄弟们虽然向大哥承认了错误，也获得了阿保机的原谅。可是，兄弟们可不是发自内心这样做，如果长此以往，阿保机对可汗的位置"久占成业"，轮流坐庄的继位制度就别想传承下去了。这些兄弟们也就别想在有生之年，过把当可汗的瘾了。

公元913年，阿保机的兄弟们搞出的武装暴乱终于成功，直接带兵杀到阿保机的老巢，抢走了象征可汗的旗子和祖先的神帐，并且烧毁了阿保机的帐篷。阿保机反攻，虽然取得了最终胜利，可是经历这样大规模的窝里斗，阿保机及其兄弟们所在的契丹迭剌部算是被折腾得元气大伤了。

两年后，大概是看到迭剌部的实力没那么强了，阿保机被自己兄弟们挤兑得也自顾不暇，"面子""里子"都丢了。契丹的其他部落本着占便宜的心理，趁机纷纷站出来，主持"正义"了。他们和阿保机的兄弟们强烈要求阿保机识时务，让出可汗的大位。看情形，阿保机如果再赖着不走，再来找他算账的可就不仅限于他的家族了。阿保机自然是不吃眼前亏，顺应民意让出了可汗之位。卸任后，他跑到今天的河北沽源，在那里建了一个城池，开始贩卖食盐，弃政从商，学"陶朱公"下"海"了。

食盐这东西是人每天都需要的，可是，食盐又不像麦子、牛羊等食品，随处都能生产。抓住食盐生产基地，就掌握了食盐的垄断权，等于把一个地区老百姓的舌头和命脉抓到手里。这么看，阿保机表面上让出正式权力，实际上，他有手上的军队还有食盐基地，在草原上的影响力和实际的权力并没有减少。各个草原部落并不敢随便得罪他。后来，他听老婆耶律平的话，把契丹以及其他有实力的部落首领请到自己的地盘上喝酒，大家当然也都给了他面子。

不过，耶律平让阿保机请这些人来喝酒，可不是为了联络感情，而是要他们的命。大概是草原上的人没什么文化，很少看《史记》这类历史通俗读物，对"鸿门宴"这样高级计谋不熟悉。所以，这些给阿保机面子的部落首领喝完酒，脑袋也都没了。

和自己闹别扭、反对自己所作所为的人都死了。公元916年，阿保机也不用和谁再客气，做表面文章的工作也显得多余。为此，他也不再费事去当什么可汗了，直接正式建立契丹国，仿照中原王朝，修建皇城，建立机构。他也很重视软件建设，为此，非常高调地推崇中原文化，在京城建孔子庙，也建了佛寺、道观，反正中原地带能有的文化符号，不管这些文化是否相融，他都拿了过来。

不过，契丹人没有当皇帝的经验，如何当上像中原王朝那样的皇帝，便离不开汉族人的帮助。他们把中原王朝那套千锤百炼而成的皇帝集权制度，一股脑地拿到阿保机面前。阿保机自然是喜不自禁，非常受用。在他死之前，汉人知识分子和中原王朝的集权制度在契丹国的地位已经非常巩固，等到耶律德光接过阿保机的权杖时，他完全可以非常自信地把自己看作大契丹国的皇帝了。

三

经过锲而不舍的斗争，阿保机终于完成了当皇帝的人生目标。他是第一个在草原上完成这样壮丽事业的人。手段显然很不地道，甚至显得很阴损。但毕竟是首创，而且成功了。

他之所以成功，有很多原因。其中，他早早地接受汉化是至关重要的。有一帮精明的汉族知识分子辅佐，他搞经济、搞阴谋，自然是胜过草原上那些文化、经济都落后的部落。更何况他自己也是草原上能打胜仗的厉害人物。

虽然阿保机亲眼看到了、亲身体会到和汉人搞好关系的好处，但他是个聪明人，也看到了中原文化和中原王朝制度体系的弊端。中原王朝实行的几百年的行政管理制度、推行的儒法结合的国家治理模式，是建立在静态的农耕生产方式上的，其功效很适合实行集权统治。可如果把这套制度移植到草原部落身上，这些过惯游牧生活的部落民是很不适应的。当然，如果非要硬来，也没什么不可以，"拳头之下出顺民"的理念，在草原地区也是很适用的。

可是，即使被征服了的草原部落嘴上不提什么意见，但这样的统治也是很难长久的。草原部落的游牧生活，导致他们要不停地换地方生产生活，这种居无定所的生产生活方式，增加了中央集权政府牧民施政的成本，政府对这些部落无法维持最基本的管理。长此以往，不管是谁建立的中央集权国家，也不可能在草原上存在下去。

当然，到处流动的草原部落虽然不利于集权统治，但对契丹王朝也不是一点好处没有。我们知道，仅从军事角度看，这些部落以放牧为生，每一个部落为了争夺生存空间，必须和其他部落不停地打仗。在草原出生的孩子们从小不是进私塾或者下田地，而是骑马放牧、弯弓射雕，随时准备冲锋陷阵，一个个都是打仗的行家。

在草原上，从来都是按照军事力量来划分草场面积，部落内部也形成了等级森严的军事组织。阿保机如果能调动这些草原部落或者说草原军团积极地为自己尽心尽力地服务，到契丹帝国之外的地面上抢夺地盘和财物，那是相当有效率的。

看到这样的好处，阿保机没有像鲜卑族那样，强迫从东北走出来的契丹和臣服他的其他草原部落必须接受汉化，而是以实事求是的务实精神，采取了"一国两制"的国家体制。在耶律德光即位之时，阿保机留给他的不光是辽阔的疆土、不容易花完的资财和文治武功都超拔的团队，还有已经经过实践检验、非常好用的国家制度。耶律德光接过阿保机的权杖后，保留了这个国家制度，并进一步发扬光大，明确提出"因俗而治"的理念。

在耶律德光进攻中原之前，他已经从后晋敲诈来了燕云十六州这块肥得不能再肥的"肉"了，牢牢地卡住了中原王朝的"七寸"。契丹很重视这块风水宝地，为了很好地治理这里，耶律德光沿用阿保机的执政理念，围绕着燕云十六州这些汉族集聚的区域，推行中原王朝惯用的郡县制度和集权化的行政管理模式，任用有经验的汉族官僚来打理民政方面的事务，在这里的长官被称为"南院大王"。

看过金庸小说《天龙八部》的人都还记得，在小说里，辽国第八代皇帝耶律洪基当政，出身少林寺、当过丐帮帮主的乔峰是在汉族地区长大的契丹人后裔。因为他掌握着一种叫"降龙十八掌"的绝世武功，成为那时候中原武林界的超一流高手。乔峰被逼出中原后，跑到北边的辽国，依靠绝技在万马军中取了辽国反叛头领的首级，帮助辽国皇帝耶律洪基巩固了皇位，他因此当上南院大王。不过，在真实的历史中，南院大王的主要职责是治民理政，主要负责征收赋税、奖励耕织、发展生产这类事务。而让个人武功超强但没受过正规文化教育的乔峰干这个工作，其实不太适合，这大概是金庸先生没有认真考虑的问题。

与"南院大王"对应的是在北面的"北院大王"。在契丹帝国的北部，北院大王按照传统的部落管理制度，专门负责统治北部地区的草原部落，主抓全国的军政和吏治方面的事务。很显然，在实际权力方面，拥有军事指挥和官员管理权力的北院大王要远远大于南院大王。在《天龙八部》里，耶律洪基如果让乔峰领兵南下攻伐中原王朝，其实应该让他当北院大王。

后来，这种"脚踏两只船"的统治方式让契丹以及之后的辽国受益匪浅，至少在辽国前期，这个制度既耐用又有效，只是后来才出现非常大的问题，以至于辽国为此承受了巨大代价。不过，坏事要等到100多年后才开始冒头。在军事上，辽国很快对宋朝和西夏长期保持可以仗势欺人的姿态。在政治上，皇帝集权制度也拥有了可靠的经济和制度基础。

不能理解的是，耶律德光接受了阿保机留下的政治遗产，在此基础上，还继续执行南北院制度。但是，在他杀入后晋之后，竟然摇身变成了数典忘祖的败家子。最后，不得不狼狈北逃，这让在九泉之下的阿保机又情何以堪呢?

四

不过,客观地讲,耶律德光的愚蠢做法,也许和他判断失误有关系,也许和他当时占领中原之前准备不充分有关系。总之,成功始终是小概率事件,而最终的失败则可能因为任何一个小环节的小失误而导致,因此,失败自然是大概率事件,做任何事概莫能外。耶律德光这次南征的失败,则不必做过多的分析和解释了。

可是,当我们放宽视野,再看草原民族征服中原王朝的经验和教训时,发现草原民族想真正征服并长期占据中原和江南,其实是一个难度极高、代价极大的工程。即使耶律德光在长城内外推行"一国两制"能够成功,但当时即便侥幸躲过一劫,没有立马翻船,但之后契丹能不能躲过被消灭的下场,也是很难说的。

在进入汴梁城的那一刻起,他其实已经遇到了难题。在中国的历史上,来自长城以北的民族对南边的中原人,态度无非是两种,一种是以武力敲诈为主,换取中原王朝的各种好东西。一种是直接打进来,干脆在这里牧民施政,可汗摇身一变,当上中原的皇帝。如果仅考量武力这一项指标,在很多时候,草原民族都有这个实力,为此,他们也经常如此为之。

从南北朝时期,鲜卑族入主中原建立汉化政权算起,在中原地区,当上皇帝的草原民族头领络绎不绝。之后,如果非要说,这些地区的人是汉族人,可能最可靠的证据是他们依然还操着汉语,其他方面就很难说了。

这么多来自草原的民族，后来还包括了来自东北地区半草原、半农耕、半渔猎地带的民族，只要一跑到中原赖着不走，都遇到和耶律德光一样的难题。原因很简单，草原民族生产生活方式和中原农耕民族相差太大了，用管理游牧民族的方式来管理中原农耕民族，显然是"驴唇不对马嘴"，中原人浑身难受，北边来的民族也别提有多别扭。矛盾非常明显，搞不好，闹出翻江倒海的冲突，也在情理之中。

如果像鲜卑族那样，草原民族进入中原后，自觉自愿地选择被汉化，这个难题自然是没了。但也不是所有草原民族都像鲜卑族一样愿意死心塌地被汉化。即便是鲜卑族来洛阳，接受汉文明洗礼，那也是孝文帝拓跋宏连蒙带骗加武力威胁才得以实现的。

草原民族认为，自己来自北边的苦寒地带，长期和恶劣的环境进行斗争，养成了艰苦朴素、坚忍不拔的精气神。在这种精气神的支撑下，他们的文化中始终洋溢着一种崇尚武力的味道，军队的武力也十分了得，这是他们能在中原人面前腰板挺直、自我感觉优越的理由。虽然这样的生活很艰苦，但早已适应了，一下子转变过来，心理上很难接受。追根溯源，制度的路径依赖还是源于人的依赖心理。让他们放弃游牧、渔猎的风俗和文化，不给点实惠和压力，短期内怎么可能做到呢？

但人都是向往舒适生活的，从北边来的各类民族杀进中原后，眼睁睁地看到中原农耕文明孕育出的让人羡慕的高质量、高品位的生活。特别是到了宋朝以后，在中原和江南那种漫漶着舒适、安详、优雅气氛的文化和生活方式,已经几近完美。如果这时候还要求来自草原的雄主悍将们保持和汉文化的距离,这就显得相当泯灭人性了。事实上,也没有哪个草原民族能抵抗得住这种高拔文化的全方位浸染和俘获。

可是,这种农耕文明孕育的文化也是有"毒"的,这种毒素能消磨尚武精神。大家知道,为了长期保持这种安详、静态而美好舒适的生活,中原王朝在宋以后,设立了各种严苛的政治制度,捆住武将们的手脚。长期以来,在长城以南地区,形成了重文轻武的文化氛围。如果满身杀气的草原民族一头扎进来,还不加防备,不用说,最后的结果一定是所有的草原民族最终都变成中原人那种做派了。可是,当曾经武装到牙齿和血液的草原民族把消磨武力的文化基因全盘接收过来后,他们也就不再是过去的自己了。

可以说,对于入主中原的草原民族,一方面要保持尚武精神以及实实在在的武功。另一方面还想过上安详、精致的生活,确实难透了。

鲜卑族没打算解决这个问题。孝文帝拓跋弘带着鲜卑族进入洛阳城时,就没打算回去,他主动把自己融入进汉族,从思想上就不打算再当鲜卑人了。这么做,省事倒是肯定的,可实际上也等同于在温柔乡中自杀。

灭掉辽国的女真族进入中原时,可没有鲜卑族那种自觉意识,大概是没认识到中原农耕文明对他们可能带来的灭族危险。当他们一头闯进中原,几代人过后,不知不觉就被汉化了。当年他们的重装骑兵多么骁勇善战,号称"女真不过万,过万无人敌"。

可等到蒙古人杀过来时,已经完全被汉化的女真族被打得凄惨。蒙古骑兵在华北大地上肆意横扫时,金朝的皇帝还在主持关于哲学的学术讨论会,这种不争气的表现能把神勇无敌的太祖阿骨打活活再气死一遍。

说实话,金国被灭的时候,它的表现真的还不如被他们灭掉的辽国好,人家辽国被宋朝和蒙古前后夹击,打得无处可逃,但皇族后裔耶律大石挺身而出,领着被包围在幽州的契丹残兵杀出一条血路,一口气跑到中亚,重起炉灶,建立了"西辽国",延续了辽国国祚一百多年。可金国作为一个堂堂正正的中原上国,则被灭了个干干净净。大概的原因是,辽国虽然也接受了很多汉文化,但国家的"上层建筑"毕竟没有建立在中原,身上保留着一部分草原上的雄武之气。而金朝从中后期之后,它的"上层建筑"则一头扎根在中原地带了。在一马平川的中原大地上,虽然女真族曾经依靠铁浮屠、拐子马这类凶猛骑兵纵横驰骋,为所欲为,骄横跋扈,可这时候,也不得不龟缩在高城大墙后面,变成被他们曾经灭掉的"宋朝"的模样。

元朝虽然被朱元璋灭掉,但蒙古族却并没有被灭,而跑到了草原,保持了很长时间的政权体系。之后,蒙古骑兵也经常南下,越过长城,打得明朝心惊肉跳、噩梦不断。这么看,下场还是不错的,最起码,保留了部分的尊严。

蒙古人在中原时,并没有完全接受汉化。蒙古人靠商业立国,手上不缺钱,即便在农耕地区,不接受汉化,用钱也能买到汉人的各种服务和商品。更何况,蒙古人控制的地域极为广阔,和中亚、欧洲的商业交往非常密切。蒙古大帝国不用特别在乎汉族和汉族知识分子是否拥护自己，不用依靠主动推行全面汉化政策讨好中原地区的社会精英，依靠他们治理国家、征收赋税和管教百姓。因此，虽然受汉文化影响，蒙古军队的战斗力有所下降，但也不至于连北逃的能力都丧失了，更不至于被朱元璋的军队消灭干净。

清朝算是由金国留在东北山沟里的后裔建立起来的。它汲取先辈们的惨痛教训后，在入主中原、统一天下后，就始终保持着高度警惕。它非常自觉地希望既能保持统治地位，又能保持民族的独立性，不想步先辈们的后尘。因此，非常害怕皇帝、皇子、贝勒和八旗子弟被中原这种软绵绵的文化熏陶成拿不起枪、上不了马的废物。

从入主中原之日起，清朝的皇帝就立下规矩，要求以后的皇帝、皇子、贝勒以及八旗子弟定期去"木兰秋狝"，也就是去北边的草原地带打猎。通过这种半军事化的娱乐活动，希望团结蒙古部落，当然，更主要的是训练皇族和八旗子弟们始终熟练地掌握弓马骑射，时刻提醒女真族，不能没了能打胜仗的武功和尚武的精神，否则被中原人赶走，那是迟早的事。

可是，大家也看到了清朝努力的结果。我们只能说，这个王朝有警惕之心难能可贵，时时自我提醒也可谓良苦用心，结果却差强人意。虽然他们很努力且很成功地活了将近300年的漫长岁月，与其他中原王朝相比，国祚不算短。但到了晚期，那些提笼架鸟、玩鼻烟壶的八旗子弟们告诉我们，这个王朝还是被彻底打败了。

岁月是把杀猪刀，他们躲过了"初一"，可还是没有躲过"十五"。

"天可汗"的神话

扫一扫收听本节音频

一

中国的皇帝特别是太祖级别的皇帝,都是半人半神的结合体,在从事皇帝职业之前,他们的面目就已经开始不同寻常了。后世的史官们运用很强的想象力,为他们身上编排了各种神奇现象。因此,从吃奶的时候,他们就已经开始承担起巨大的责任,他们一生所从事的事业注定了既很伟大,又可以惊天地泣鬼神。

与这些神迹昭彰的皇帝很相似,李世民在成为秦王和唐太宗之前,浑身上下也充满了神仙下凡的味道,不过,可以负责任地说,这些由文字记载的行径,当然是在他死后被史书硬塞给他的。不过,从现有史料上分析,刨去那些被李世民命人故意做过手脚的部分,客观地说,作为一个超大帝国的最高管理者,他绝对可以当得起优秀、卓拔的赞誉,且被归入伟大君王的行列。

根据史书记载,李世民亲自带着人数不多的玄铁甲士,破阵杀敌,屡创人类战争的经典之作。他曾单骑出阵,和杀到眼前的草原军团在家门口聊家常,最终使草原军团罢兵息戈。在他治下的大唐,招徕了万国番邦,这些番邦一脸真诚、哭着喊着、年复一年地来拜贺大唐永葆青春,创造出历代中央王朝从未有过的外交奇迹。

作为专制体制下的君王,他还能经常很认真地弯着腰和臣子们讨论这讨论那,和那些动不动就不讲理的皇帝不同,他基本上做到了让那些当着他的面说难听话的人,死在自己家里的炕上,而没有动手加速这人死亡的举动(从现在的史料看,他还是有这个意思的,比如对魏征,他好几次都咬着后槽牙,恨不得宰了这个不顺着自己的大臣,不过最终他还是忍住了)。他还让大量的宫女出宫再嫁,而不是到处物色更多的靓女嫁给他。不管在什么场合,据说,他一旦听说百姓生活得不太容易,也能掉下几颗甚至几串眼泪来。在盼好皇帝的心都快死绝的百姓们看来,他的一系列作为不是神仙极难为之。也就是说,他如果不是"神仙哥",大概绝没有人好意思承认自己是了。

在历史上,这样的看法很顽固,在民间也一直有群众基础。比如,据说李世民还是秦王的时候,曾带着侦察兵深入王世充的地盘摸敌情,被人家发现后遭到追杀。但很万幸,正好被十三个善使棍的少林和尚解救。因为这事的传奇性着实太强,而仅有的史料又很难给予充分的支持,本来这事最多也就当作一段有趣的野史听听罢了,但百姓们却执拗地认为这事儿就是真的。当然,如果说这事儿是别的皇帝做的话,百姓们可能就不太信了。

其实,我们都知道,百姓们对皇帝的职业要求都不算太高,仅仅因为皇帝能有自律精神以及对百姓的日常生活比较关心,就足以成为历朝历代百姓们的偶像了。因此,在百姓喜闻乐见的评书演义里,李世民就总能以"高、大、全"的形象和百姓救星的身份出场。

二

不过,除此之外,与历代君主相比,更让人对李世民钦佩不已、心向往之的是他通过硬手段、软怀柔,把北边的突厥帝国彻底降服,以至于他除了当中国的皇帝,还兼任了草原地区的"天可汗"。在突厥人看来,"天可汗"就是天下最高的统治者,当了天可汗,突厥人就把李世民奉为自己的君主。要知道作为中原王朝的皇帝,能在草原帝国那里摆出这样高拔的姿态,那是之前历代王朝的皇帝们想都不敢想的事。能保证人家草原军团不来经常"拜访",就已经算是非常厉害的君王了。

仅看这一点,李世民和他爹李渊开创的唐王朝算是相当传奇的中原王朝了。李世民所取得的外交成绩,着实让经常和草原民族闹别扭、受憋屈或者打乱仗、老挨打的中原王朝和它的子民们扬眉吐气。如果再配上优美的唐诗、硕大无比的大唐疆土,人们难免会对大唐充满诗意、美好的想象。

只是可能让大家有点失望了,人家李世民是中原王朝的统治者确实不假,但他其实并不是标准意义上的中原人,或者说不是中原土生土长的汉人。按照历史学家的考证,李世民的血统其实是汉人、鲜卑人的混合。

大家经常说,要历史性地看问题才能把问题看得透彻。比如,孔融三岁的时候，把个头大的梨让给他哥，说明他不但姓"孔"，而且是顽固的儒家传统的坚守者。当然，他长大后宁可去死，也绝不会和崇尚王霸之道的曹操吃"一锅饭"了。他最后被曹操杀掉，可以说在他让梨的时候就已经被决定了。

再比如，司马光能砸缸救小朋友的性命，除了说明他从小就不是个傻孩子外，更主要的还说明，他为人固执，坚持做自己认为正确的事，以至于不害怕家长事后责怪他把家里的贵重物品毁坏。所以，他长大后入朝为官，正好碰到一心要变法的宋神宗和王安石。作为保守派的大佬，他当然不认同所谓进取型的变法，年轻气盛的皇帝嫌他碍眼，把他驱赶到洛阳编史书。即使沦落如斯，他也绝不和变法派"同流合污"。有人说，司马光完全可以暂时放弃他的主张，韬光养晦，熬到宋神宗"挂"了，再伺机反攻倒算，最终也会取得政治上的全胜。对别人而言，这么确实做不算什么，这叫识时务知进退，如此为之依然很受人敬仰。但司马光不会这么做，死也不会。

同理推之，说起来，李世民能成为"天可汗"，这也是由他的前世和早期经历决定的。

三

唐朝真正的缔造者，是第一代大唐皇帝李渊，他是西魏贵族李虎的孙子，出生于山西一个胡汉混合血统的贵族之家。尽管北魏孝文帝曾强力推进鲜卑族汉化的进程，但即使这样，在日常生活中很多鲜卑人并没有完全脱离草原的生活以及从草原带来的习气。作为鲜卑族的后裔，李渊家族对草原文化和生活习惯自然也很熟悉。

这还不算，具体说到李氏家族，李渊、李世民的祖上李虎长期在北部边疆驻防，作为一方有实权的军事统帅，从未主动或者被动地下过岗，长期以来积攒了很大势力和社会影响力，为此曾经被忝列进"八柱国"的行列，也就是当时国家八个最具实力的军事集团的首领之一。百年以来，这个家族就一直在草原和中原的接壤地带生活工作，与草原各个部落始终保持着亲密接触。时间一长很多草原部落还和他李家沾亲带故，成了"实在亲戚"。

这样的前世就历史性地决定了李渊、李世民父子及其后世子孙具备草原或者类草的原文化属性。因此，与那些从小种地出身的其他开国太祖、太宗相比，李氏家族和草原民族打交道就容易多了。长期的接触使他们知道草原上的人有哪些思维方式、喜欢什么厌恶什么，也知道自己能从人家那里得到什么。当然，也就知道用什么才能换取对方高兴，用什么才能让对方死得难看。更关键的是，草原部落对李氏家族拥有一定的信任，不太把李家人看成外人。

李渊在晋阳起兵时，利用平时和突厥的良好关系，借助突厥骑兵攻入长安。当然，他也拿出很多好处。比如，像丝绸之类在草原上无论如何也生产不出来的东西，给了这些绝不白干活的突厥骑兵。人家突厥人拿了东西，也就兴高采烈地回去了。

以后，唐朝经常使用草原来的骄兵悍将帮着自己处理家里的那点烦心事儿。比如，唐玄宗当皇帝的时候，安禄山造反，玄宗的儿子肃宗出来主持危局，但面临的局势即便想收拾也无从下手。从当时的情形看，仅靠唐朝自己那点儿实力，除了指望死得慢点，大概也没有其他可以指望的了。面对这种山穷水尽的惨景，没办法，只得出大价钱，甚至赔上洛阳这个城市所有的财富，雇佣回鹘来帮着收拾烂局面。

终唐一朝，皇帝们在面对危局之时，始终敢于大规模地重用胡人，让他们当上各级政府的行政长官和军事将领，并给予他们极大的信任和权力，比如，李光弼、哥舒翰等人。这些左右唐朝命运的高级官员或将领其实都是从草原来的，或者说，祖上是草原民族，身体里流着草原民族的血，受到草原文化的熏陶，具备草原民族的基因。汉武帝倒是也任用过很多匈奴人来当汉朝官，甚至有些人还当了很大的官，比如在他的托孤重臣中，就有匈奴休屠王的太子金日磾。但从本质上看，他这么做的主要目的还是为了诱惑人家投降，自然在任用匈奴人的规模和所给职位的含金量上，没法和唐朝相比。

我们知道，传统的中原王朝对那些难以教化的草原民族常怀戒备之心，甚至将其视为时刻惦记着霸占地球的"火星人"，并积累了想化也化不开的仇怨。时间长了，对草原民族拒之千里的蔑视和紧张兮兮的敌视，逐渐渗透进了中原人的文化心理。

明朝末年，面对李自成咄咄逼人的压力，崇祯帝和他的大臣们后来也都看出来了，朱家王朝完蛋的势头是挡不住了。这时候，据说皇帝倒是曾想和女真人先"和平"一下，以方便把关外关宁铁骑的绝对主力调进关内，消灭农民军。但他就是磨不开面子在朝堂上把这意思说出来，而是希望懂事的某个大臣哭着喊着把这个与外寇眉来眼去的丢人主张说出来，而自己则可顺势做出被逼无奈而采纳的表情。大概他认为，唯有如此才好意思死后去见地下的列祖列宗们。如果操作到位的话，最好使自己在采纳这个主张时，给人的感觉是被那个大臣胁迫的，而众大臣们则拿出以死报国的姿态予以附和，那就更好了。这样做，崇祯既能推卸自己的责任，也能渡过危机。

可谁都知道，一旦等危机过去，满朝文武大臣重开争权夺利的游戏，当初那个主张和女真人扯暧昧关系、签和平条约的人，必然难逃卖国贼的骂名。这时候，皇帝自己还想躲开出卖祖宗社稷的骂名呢，更不会为这个人说句公道话了。为了把自己撇干净，借着那些维护江山颜面的忠臣良将们的弹劾，把当初那个"忽悠"自己和女真人搞和平外交，实际上就是拿了好处、投降卖国的大臣抓起来。对不起，如果不出意外，这个不识时务的人，被一身正气的政敌们骂得精神崩溃后，还会被拉到菜市口当众挨千刀。既然这样的结局不难预料，那些精如鬼的大臣们则绝对不会跳出来，把崇祯想说不愿意说、也不敢说的话说出来了。

反观唐朝，它可以说是一个胡汉文化"结合"后的产物，这个王朝虽然也有提防和怨恨草原帝国的心理，但绝对达不到谈"胡"色变的程度，更不会一根筋地认为，即使被自己人活活打死，也绝不和胡人沾上半点关系。原因很简单，在文化心理上，李唐王朝从未背上历史的包袱。

四

既然在军事、政治上，李世民相当熟悉突厥的优势和劣势，文化心理上还没什么跨不过去的障碍。那么，从登基之日起，他就信心十足地放开手脚,开始和突厥人玩那些花里胡哨的猫腻儿。实践表明,虽然他屡次涉险,但总还能有惊无险,火候把握得很精到,策略运用得也很纯熟。

说起来,李世民能让突厥人拜服,其实也没啥稀奇的。打蛇打七寸,关键是李世民找到了突厥身上一个死穴。这个死穴就是突厥帝国"一把手"的选拔制度。这个选拔制度虽然经实践检验是相当不着调的,导致国家隔几年来就要来一次天翻地覆的折腾。但长期以来,因为制度惯性,而最终被非常无奈地锁定了。既然被锁定了,如果不能把天时地利人和都占尽,想被改掉那几乎是白日做梦。既然很难改掉,则只能让和它过招的大唐王朝欺负了。因此,突厥帝国虽然大得吓人,武功也不是瞎吹的,但就是很难在真正意义上称雄欧亚大陆。

在突厥帝国,选拔帝国"一把手"遵从"兄终弟及"的传统规矩,不是中原王朝习惯的"子承父业"的模式。执行这样的制度就意味着,一个皇帝死了,他那些没死的弟弟们都有资格继承可汗的位置。可问题是,如果最小的弟弟和大哥的儿子差不多大,而中间的兄弟们都死绝了,麻烦就大了。

和之前的草原民族面临的尴尬差不多。在突厥,大哥当了可汗,他的儿子因为长期在自己的老爹身边,深入持久地接触过国家的政务和军事,工作经验自然是丰富得很。关键是,如果老皇帝有私心,刻意地加以培养,他的儿子们会很方便地积攒出很大的个人势力。特别是这些儿子们中的老大,一般在老可汗归西后,他所掌控的政治、军事势力那是不容小觑的。而如果把老皇帝送回天堂后,却让一个远离政治中心十几年甚至几十年的叔叔来当皇帝,按常理,老皇帝的儿子如何还能做到波澜不惊呢?

即使儿子们宅心仁厚,不在乎,那些和老皇帝以及和他儿子关系很不赖的战将和文臣们,能心甘情愿加入另一支政治势力么?在原来的政治框架里,这些战将、文臣们早已经找到了既有的政治地位,也清楚自己未来的发展轨迹,突然让没打过几次照面的老可汗的兄弟即可汗位,这些人的政治地位和现实利益在以后的洗牌中还能不能保住呢?这是让人很纠结的问题。

对新上台的那位仁兄,大家都不太认识,万一他做事很绝,把大家都清场了,另起炉灶,另搭台子,那该如何是好?一旦进入被人宰割或者一切都保不准的境地,这些人肯定要下定决心闹腾一番的。随之,则高喊"因为老可汗的儿子有功绩,所以应该拥戴老可汗的儿子即位"类似这样底气很足的口号。当然,其实所有人心里都跟明镜似的,这么干也是为了保护自己口中那块已经品到滋味的肉。

可是,在老可汗时代,"兄终弟及"的可汗选拔的规矩也有法理基础,那些被贬黜和长期坐冷板凳的能人们支持老可汗的兄弟时,也会感到底气很足。

两帮都觉得自己很牛气、很有理的人遇到一起,内讧就很难避免了。双方都是明白人,在这种情形下,话也就不用挑明说了。一般情况下,希望自己跟着的老大荣登大宝的兄弟们会很自觉地集聚在一起,撺掇各自拥立的老大,带着大家伙儿到角力场上,让血和铁来决定谁更具备统治草原的资格。在这个决定个人乃至家族命运的当口，谁也不会因为所谓的顾全突厥帝国的大局而高风亮节到主动让出未来的巨大富贵。

那些老可汗的侄子、兄弟等，也都是在刀尖上滚来滚去的主儿，其实，在大多数情况下不需要别人来撺掇，他们只要觉得自己有足够的实力，也会积极主动地亲自动手，拉起人马走到权力场上，用各种方式充分表达自己也要当可汗的意愿。

杀兄弟、杀叔叔这种事如果发生在中原，不被人骂死，自己也会做噩梦把自己忏悔死。但在突厥人看来，这种事很平常，干的时候根本没有心理障碍。他们觉得，不杀掉这些潜在的竞争对手，难不成还等着人家送过来弯刀让自己抹脖子么？

当谁也打不过谁的时候，突厥内部搞不定，有时候就不得不多设几个可汗的"编制"，让那些确实有实力而且还眼馋得不能自拔的主儿都有机会过当上"一把手"的瘾。这么做虽属不得已，但力量达到了动态均衡，不这样做也还真的没有其他更好的办法。

但这样搞下去，即使突厥帝国的人口很多，牛羊费很大劲儿也吃不完，并且还长期霸占着丝绸之路，那又能怎样？在隋朝甚至之前的漫长岁月里，在突厥帝国，明抢硬夺"可汗"之位的"桥段"隔一段时间就要上演一次，大家早已经见怪不怪了。

五

当李世民成为皇帝时，他实际上面对的是一个四分五裂的东突厥帝国。在这个帝国里，顶着可汗帽子的人不是一个，而暗地里把自己看成可汗的地方势力也不少。李世民既然知道这些内部情况，也和突厥帝国内部的各派在"面上和里子"都能扯上关系，分化瓦解这种手段自然是要得开、用得活，得心应手到指哪打哪儿的地步。

公元624年，突厥骑兵攻到了长安郊区，李世民带着几百人跑出城和人家说事儿。颉利可汗不理他的茬儿，他就跑到突利可汗那里，这让在一旁看着的颉利可汗顿生疑窦。

很多人觉得颉利可汗脑子也太简单了，和突利可汗结伙来打劫，难不成他会认为，李世民告诉突利可汗只让他抢长安，不让自己抢么？其实，如果知道李世民的前世今生以及突利可汗和颉利可汗的竞争关系，大家就明白为什么突厥军团被李世民这么稍微一忽悠，就能主动放弃豪华的大都市长安不去抢，要点赔款就走了。

经过李世民深度搅和后，在突厥帝国那些因为自觉强大而不愿意听李世民招呼的部落，逐渐感到很"孤独"。而那些个头小、也愿意听话的则深切地感到大唐很爱他，朝贡的时候，从大唐那里各种好处也没少拿。为此，在各方面条件都和自己差不多的其他部落，也都很给自己面子。那些以前和自己有点不愉快的部落，在很多时候也都不大愿意在小事上和自己计较了。可以说，有大唐给他"面儿"，使草原上的部落身心愉悦，深切地感到生活幸福、大唐既可敬更可爱。但搅和也是有代价的，而且代价是相当巨大的。大家也可以理解，没有好处谁愿意和唐朝走那么近呢？唐朝为此付出了海量的财物。

从史料上看，在当时突厥人很喜欢来大唐走动走动，来时也都不是空着手来的，总是带些土特产。比如，突厥使团每次来都要带些马匹等草原土特产。不过送来的东西可不是什么好货色，比如送来的马大多数都不是什么好马，而是些劣到极点的马。即使如此，他们走的时候，却硬是要求唐朝回赠价值更高的物品，不给那些在价值上高出马匹等草原土特产几十倍的丝绸等稀罕物，他们是不愿意回去的。

大唐当然不傻，明知这帮人来拜访自己的真实意图，他们来一次，自己就要吃一次大亏。可是，唐朝君臣也还要笑颜以对，尽其所能地满足这帮人的要求。在唐朝君臣看来，这么做相对而言总还是好过让人家提兵来要东西吧。

终唐一朝，不管唐朝皇帝有没有了"天可汗"的名头，草原民族的好处总是不能少的。可以说，给好处成为大唐和草原帝国和平共处的基本条件。没这个条件，双方大概也不会那么一直"很对脾气"，遇到点分歧能够做到"有话好好说"，心平气和地以发展的眼光解决外交中遇到的"发展问题"。可以说，这个沉重的包袱一直压得唐朝痛苦得很。

六

在玄武门事件中，当李世民屠兄杀弟时，他大概是把自己当成草原民族可汗的儿子，在争夺可汗的宝位时，才能心安理得地下得去手，李建成还是他亲自杀的。后来，他又想着各种法子，让史官把这档子事换个模样，尽量把两个兄弟说得很不是"东西"，几乎就是恶魔转世，来人间造孽的。而他李世民即使明知道两个兄弟是如此货色,但为了顾及骨肉亲情,也始终能做到能忍则忍、能让则让,很多次都是被人家欺负得走投无路、窝囊到家了。因此,让大家形成这样一个概念——他李世民因为要正当防卫,被李建成、李元吉逼得活不下去了,才绝地反击,抢先下手,为大唐除掉了两个由妖孽变成的兄弟。

他这么做,实际上是想让自己成为儒家传统认可、推崇的中原王朝皇帝。为此,他才不惜破了前例,让史官篡改史书,以安慰他那颗纠结的心,更想使由自己、他父亲李渊以及他的兄弟们一起开创的大唐,理直气壮地繁盛下去。

他的大儿子李承乾当太子时,经常在东宫玩突厥人打仗的游戏,喜欢穿突厥人的奇装异服,没事就和伶人唱草原上的歌谣。做了大唐很多年皇帝的李世民,一听说有这些事非常生气。为此,经常把这个在他看来"拎不清"的儿子叫来训斥,让他放弃在他看来是恶习的那些做派。后来,李世民下狠心,剥夺了李承乾当皇帝的资格,大概也和李承乾热爱突厥文化这一"恶习"有点关系。

令人奇怪的是,儿子不过就是喜欢玩玩草原上的游戏,模仿突厥人的一些行为,即使李世民不喜欢,其实也没啥大不了。说到底,也不过是李承乾沾染上一些无伤大雅的业余爱好,李世民犯得上动这么大的肝火么?

如果站到李世民的角度看,李世民小题大做是说得过去的。大概在这个时候,李世民已经考虑把皇帝宝座交给下一代了。但打心眼里,他只认为大唐应该也必须是一个强大而传统的中原王朝。在他和他子孙的治理下,大唐应该让北边的突厥帝国最终因惧怕威武的唐军,而心甘情愿地当臣子。因此,李承乾当然必须要把皇帝先做好,其次才能考虑和草原民族拉关系套近乎。可是,如果把这个顺序颠倒过来,则绝对不行,也是绝无前途可言的,更是丢了本分。即使将来李承乾很有出息,当上"天可汗",李世民也认为说到底那不过是权宜之计,是为了大唐的长治久安而为之的。李世民很清楚,那个所谓的"天可汗"不过是大唐皇帝追求国家长治久安而赚来的兼职,绝非主业。

天可汗其实是个神话,一个沉重的神话,仅是神话而已。

扫一扫收听本节音频

澶渊之盟的隐秘

一

宋朝刚建立的时候，主动跑过去和辽国打仗，虽然没有达到军事目的，且死了不少人，丢了不少脸，但辽国也没有算宋朝的后账。原因应该是，宋朝虽然最后败了，可也是先胜后败，宋军的步兵方阵整齐划一、令行禁止，阵中刀枪林立，面对宋军的强弓硬弩，英勇的辽国骑兵也被射怕了。既然辽国领教过宋军威武的"成色"，当然不敢乘胜追击败逃中的宋军，否则一旦把宋军逼急了，让人家反咬一口，辽军也是吃不消的。

辽圣宗耶律隆绪即位，他的母亲萧燕燕可不是一般人物，在中国历史上和清朝的孝庄太后属于一个级别。从 35 岁成为寡妇到实际的帝国统治者，她经过 20 多年的苦心经营，使辽国内部团结，武力高强。在她看来，终于可以主动找宋朝算一次账了。那年，也就是公元 1004 年，萧太后带着儿子来找宋朝算总账。

50 多年前，辽太宗耶律德光出击中原，攻打只占据半壁江山的后晋，其过程也并不是很顺，甚至还被后晋硬生生地挡回去一次。尽管时过境迁，但这次辽军面对的是经济势力更强、地盘更广的宋朝，主动出击的漫漫长路自然也是坎坎坷坷。辽军即使用了九牛二虎之力，对南下路上的很多城市也死活攻不下。不过，这次辽军大概是想开了，既然打不下来，也就没做太多纠缠，而是绕着走，直奔主题，冲着宋朝的国都汴梁杀来。当时，宋廷是相当震动的，也不知道宋朝平时的国防情报工作是怎么搞的，看样子好像压根就没想到辽军敢这么搞一下，上上下下对这种辽军的斩首行动，紧张得失魂落魄。

长在深宫、从未见过杀人现场的宋真宗和他爹赵光义、他大爷赵匡胤相比，实在是显得稚嫩得多，缺乏男子汉气概。按照史书记载，听闻人家孤儿寡母来找他算账后，他的表现很让人替赵光义惋惜。按说赵光义都能把神武精明的太祖赵匡胤彻底搞定，咋就选了这么个关键时刻怂得掉底儿的儿子接班呢？别人还在准备昂扬斗志、杀敌报国时，他却第一个表示撑不住也不想撑的意思，准备像他的孙子的孙子的孙子宋徽宗那样，躲开杀气腾腾的敌军，先往南边躲。

不过，那时候宋朝建国不久，庙堂之上的雄武之气没有完全飘散干净，像"大善人"毕士安和"山西硬汉"寇准这样的文化人，主战的态度是相当明确的，丝毫不逊于那些平日里靠舞枪弄棒实现人生价值的武将们。

从当时的情形看，如果宋真宗要是执意南逃的话，这些主战派们则会毫不客气地直接动手去拦，撇开什么君臣之礼，哪怕扯着皇帝的袍袖也不会放"九五之尊"离开都城汴梁半步。后来，在这些人连哄带威胁下,宋真宗渡过了黄河,上演了一出经常在戏文、评书里出现而现实里不常见的"御驾亲征"。

大家知道,在澶州这个地方,宋辽拉开了决战的架势。之所以不选别的地方而选择澶州,完全是因为澶州这个城市比较大。宋军的主力部队和那些从北边打着"转进"名义过来的军队也已经集聚于此。更关键的是,澶州就坐落在黄河以北,距离都城汴梁实在太近,一旦丢了这个地方,再想守汴梁,底气就不足了。宋辽双方在这里顶上了杠,双方的皇帝都在各自的军营里,不见"真章"是不能罢休了。

还好,当时宋军比较走运,这里的主将正好是被冷置了多年、现在刚被启用的李继隆,这人是一个能和辽军战神耶律休哥并驾齐驱的宋军战神。他年轻时,曾和辽军掰过很多次手腕,好几次都把辽军的手腕掰折了,是宋军里为数不多的和辽军打过、还打胜过的战将。

二

宋辽两国的军队正在澶州秣马厉兵、互相观察时,在战场上,突然发生了让人意外的事情。辽军统帅萧挞凛低估了宋军武器装备的科技含量,只带着几十个小兵就跑到前沿视察敌情,结果被宋军用堪称远程武器中的"翘楚"——床子弩射杀在阵前。

主帅因为冒失而殒命阵前,还没开战辽军就损失了一大半士气。可是,广大沉浸在悲痛和惶恐中的辽军还没从沮丧中回过神,那个心怀狐疑、据说两腿还打战的宋朝皇帝就爬到澶州的城楼上了。

据史书记载，当时宋军的士气一下子就爆了棚。来自各地的将领纷纷拍着胸脯跑过来，向正在后悔来一趟的皇帝表达出"活着干、死了算"的作战态度。所有的宋军小兵们，包括本来打算在战场上靠装死来活命的，不用大道理来忽悠，也都情不自禁地升腾起"杀一个够本、杀俩赚一个"的拼命气势，澶州注定成为辽军止步的地界。

不过，观众们瞪着两只眼睛，准备看到的激烈战斗却突然没了。在这次决定两国命运的战场上，一反常态地飞来了一只让人泄气的和平鸽。

大家知道，在这里，宋朝和辽国签下了著名得没法再著名的"澶渊之盟"。根据这个盟约，宋辽军队退回到在战争爆发之前的疆界。在疆界两边，两国都不能再构筑军事设施，也就是互相袒胸露背，不设防，以示两国都拥有一颗赤诚相待之心。如果一国的罪犯为了逃避惩罚而逃到另一国，那么罪犯所到的国家则不能给予这个罪犯好脸色，要绑起来揍一顿。当然，也不能打死，而要活着把这罪犯送回到他的母国。宋朝每年还必须给辽国白银十万两、绢二十万匹的"助军旅之费"。同时，在边境线上开设榷场，开展互市贸易。澶渊之盟之后，两个国家进入了110多年的和平时期。

按照民间的看法，因为当时的战争形势有利于宋朝，因此，大家对澶渊之盟很不理解，觉得宋军白白地错失了聚歼辽军的大好机会，进而错失了收复燕云十六州的良机。

从表面上看，宋军一方在澶州已经集中了绝对主力且有能让士兵发疯作战的皇帝。这还不是关键的，更关键的是在辽军来的路上，还有很多宋军被困在城里死扛不降，随时准备杀出城外断了辽军的后路。在辽军一方，除了上文提到的主帅提前挂了这一不利局势外，辽军远道而来，劳师远征，又困于坚城之下。如果辽军不能做到速战速决，后果是相当严重的。

很多自认为精通军事的人觉得，如果这时候辽军有任何北窜或者撑不住的迹象，宋军一鼓作气掩杀过去。与此同时，在辽军的来路上，那些死不投降的宋军再一鼓作气，围堵拦截，相信萧燕燕和儿子一准就回不了长城以北了，很可能成为"耶律德光第二"，死在北返路上。当然，他们娘儿俩被活捉的可能性也是很大的。

但是，正如黄仁宇所言"只有这力量的平衡才能使澶渊之盟成为可能"，此言确实不虚。如果认真细致地查查当时宋辽双方的家底，虽然辽军有打不下去的难处，可宋军其实也有打下去不利的地方。

三

与很多草原民族、渔猎民族不同，辽国是一个汉化程度极高的国家。特别是辽太宗耶律德光之后，辽国高层充斥了大量的汉族知识分子，以儒家理论帮助皇帝建立中央集权式的国家。从上到下都洋溢着中原文化的气息。与之前的草原民族相比，这个国家的性格已经开始"内向"了，离标准的游牧帝国非常远了。

从以往辽军的表现看，如果不是宋军主动来找茬，辽军也不会像以前的草原民族那样动用大规模兵力来招惹宋朝。因此，最初的宋辽之战，辽军主要是在它的内线作战。按照史书记载，这次长途奔袭之前，萧燕燕太后其实也没打算一举灭掉宋朝，来的时候，也是左手拿着利剑、右手攥着谈判书，抱着"能打则打，不能打则和"和"以打促和"的务实态度。

对于宋朝而言，在宋太宗赵光义之后，这个王朝的性格也开始"内向"了。主要精力用在盘算着如何用儒学理论"治国安内"，重用善于动嘴的文人同时，也设计了很多高级而繁杂的制度，非常有效地捆住了善于动手的武将。现在看来，正是这种治国方略才使得宋朝变成最伟大、最光辉的文明国度的重要原因。既然宋朝鼓励大家靠讲理来消灭对手的存在感和权位，朝廷上引发的政治斗争对百姓们的日常生活很难产生太大的负面影响，甚至普通百姓根本感觉不到朝堂上正在形成以命相搏、死掐恶咬的氛围。

从保卫社稷的角度看，宋朝这么干，也是很有道理的。如果战争频仍，战将的地位肯定上升，特别是大国之间的战争总是没完没了的话，武人把持朝纲的现象那是早晚要出现的。毕竟，资源越有价值，价钱就越高，谁的用处大，谁的地位高，谁的话语权大，这是古今通理。即使宋朝需要和其他国家打仗，比如和西夏就打了一百多年的仗，但它也要把这种战争控制在局部规模上，不到万不得已，绝不能打出那种关系到国家生死存亡的战争。这种战争一旦打起来，即使取得胜利，对作战中立了大功的人员也很难安置，安置不好就会出现很多后遗症。

唐朝跌的跟头，就是宋朝的前车之鉴。当初，唐肃宗领导郭子仪、李光弼之类的武将，消灭了安禄山、史思明的叛乱，挽大唐江山于既倒。可完事了，郭、李二位算是既忠诚又有本事的好武将，但其他那些为挽救大唐江山出血出力的兄弟们,可不都这样的。

安史之乱后,唐朝这块招牌虽然没倒,但也就只剩下了一副空架子。各地藩镇仗着自己那些汗马功劳,开始建立割据一方的小王国。对朝廷"听宣,不听调",这还算是有良心的,"不听宣,也不听调",也是大有人在的,而且这些人的气势极为嚣张,以至于给人的感觉像是专门挑逗皇帝来揍他似的。在这种环境下,皇帝稍微不成器,就会沦落成宦官或者节度使们铺排权术的玩物。即便到了中晚唐时期,皇家冒出一个像唐宪宗李纯这样能力出众、貌似李世民转世的君主,又能如何呢?不幸生在那个时代,李纯也还是一时不小心被宦官给杀了,也不能算有尊严。

宋太祖赵匡胤算是标准的武将出身,对他而言,郊原血、刀砍伤曾经是日常生活的"作料"。学习文化知识,运用儒学经典,不如江湖经验更实际,也更有效。可见,赵匡胤和赵光义两代君主下决心把文治路线走得如此彻底,以至于到了自废武功的地步,肯定不是因为他喜欢文官,而是看到唐朝以及五代十国时期那些笨蛋和精明的皇帝们都无一例外地落了一个悲惨下场。他们实在不想让自己的子孙再在这条路上走一遍——他俩实在丢不起这样的人。

为此,赵匡胤作为这个那时候的著名武将兼武林界一等一的高手,华丽转身,甚至不惜表演出各种讨好文化人的好戏。他的好助手赵普文化水平不高,但紧跟赵匡胤的转型脚步,以身为范,到处宣称他赵普能耐挺大的,大到"半部《论语》治天下"的地步——他大概也就只能看懂半本《论语》吧?儒生们听到这话,当然会感动。据说,这句名言时常被人理解为"《论语》这本儒学经典,只需要用一半的内容,就可以定天下了",由此可见《论语》治国功效之强。而且这么理解与孔圣人曾言"治大国如烹小鲜"的内涵也是相当吻合的。

既然在澶州城下,是两个性格内向的国家在动手,关键时刻掉了链子也就没什么奇怪了。打仗的时候,敌我双方都盘算着如何收手、在什么时候收手、以什么样的姿态收手最合适?如何在谈判桌上多拿好处?那么,这样的仗打起来还能有什么看头?这时候,不管谁先提罢兵言和,另一个只要觉得赚头还说得过去,自然会顺坡下驴,表示"正中下怀、实有此意"。应该说,澶渊之盟的出现有着非常深厚的制度原因和文化原因。

四

如果从纯军事的角度看,双方都有打下去的理由,可打不下去的理由更充足,更占上风。

宋朝虽然占据了很多有利条件,但想把辽军打得很难看,其实也不容易。萧太后麾下战将也都是精干得紧,没什么滥竽充数的货色,可以说身经百战,战场上比猴还精、比神还"神",那些差劲的,都留到家里了,没带来丢人。而且这些战将还团结一致,同仇敌忾。这种氛围自然离不开萧太后的高明调教和精心呵护,但更离不开契丹人对汴梁和大宋财富的渴求——这趟公差下来,一旦打出风采,兄弟们回家后的好日子就算有保障了。诱惑如此巨大,如果战将们还搞窝里斗,显得不仗义,更不实惠。

契丹这次来的时候，算是蓄谋已久，把骑兵的精锐都带来了。契丹军力在耶律德光当政时，很可能已达到30万之众，骑兵占了最大比重。契丹占据辽阔疆域，给自己的国家起名"辽国"，也不是闭着眼瞎起的名字。家园辽阔，在当时的世界也不是瞎吹的，契丹人引以为豪，也绝不是夜郎自大、自欺欺人。草原辽阔，草料充足，饲养的成本还低，马的产量自然是惊人的。充足的军马供应，使契丹军队可以为每名骑兵配备3匹军马。相比较而言，其中一匹如果脾气比较暴烈，脑子还不算笨，关键是不怕见到大场面，则被专门用在冲锋陷阵时骑用，另外2匹，则是在不打仗时，要么作为代步工具，要么用于驮一些行军时的日常用度。对战马如此奢侈的使用，让以步兵为主的宋军怎能不心惊肉跳外加艳羡揪心呢？

更可怕的是，契丹人训练的战马在练习狂奔时，在足够大的场地上很能放得开，这样练出来的脚力当然不是中原的马可以比拟的。因此，辽国骑兵中诞生出可以进入中国军事史的精锐铁骑，这支骑兵部队号称"铁鹞"。这种骑兵即使身披沉重的铁甲，在驰突轻疾时也能像"鹞之搏鸟雀"一样迅猛狠烈。在一马平川的华北平原上，一旦这支骑兵启动狂奔模式，即便大宋的步兵们都拿上AK47，也会心凉半截——草原骑兵铺天盖地而来，场面太大，仅靠先进武器壮胆，好像还是不够的。这时候，宋真宗大概为士兵们再配上火炮和坦克，才算是没有忽悠大家去送死吧？现在可以想象澶州城下的宋军们承受了多么大的压力。

面对这样强悍而少见的草原骑兵，澶州城下的宋军整体上非常被动。其实，宋军当时也不是没有骑兵，实际用途不能说没有，主要作用大概是为步兵们壮胆提气，真的要倚重他们，也就是说说罢了。宋朝当时没占据燕云十六州，而在西夏的强取豪夺下，又丢了贺兰山。可这两个地方都是盛产良马的风水宝地，一旦都丢了，大宋等于没了造优质坦克的"兵工厂"。本来财大气粗，通过贸易渠道暗地里用中原的好东西换取人家的好马，虽然也显得有点被动，但也不失为可行的办法。只是两个国家从诞生之日起，就不算什么宅心仁厚的角色，实际上，他们有幸能成为宋朝重视的对手，并堂而皇之地和宋朝对打多年，形成战场上的均势，之前也都是在恶劣环境下拼杀出来的狠角儿。狡猾精明的程度只会比宋朝君臣强，不会比之弱。当时，宋朝唯一可以购买马匹的地方是吐蕃，可吐蕃的马驮东西倒没什么问题，可用于打战，就不尽如人意了。

在澶州城下，宋军的骑兵只能在关键时刻用在关键部位，平时能躲开辽国骑兵的围歼，顶住辽国骑兵的偷袭，就已经算是大幸了。在这种情况下，如果宋军全力出击，在广袤的河北平原上，宋军缺少骑兵有力助攻，别说包围辽军，能追上人家也实属不易。而在追击时，能避免被人家反咬一口，以至于不被咬死咬残，就算是将帅智慧超群、指挥得当了。

作为草原来的军团，辽军非常善于、也很推崇"因粮于敌"的策略。因此，向来对后勤补给的依赖程度就低，宋军想依靠断辽军的粮道来掐死他们，几乎是无处下手。更何况，当时的宋军，不管是从局部还是全局都处于被动挨打的境地，在辽军身后的那些宋军们，如果看不到必胜的把握就冒险全力出击，相信也不是皇帝的意愿。毕竟，躲在城池里哪怕不出头，对辽军也能起到威慑作用，这对心神不定的皇帝也是一种精神安慰。而一旦出头，万一被辽军打残甚至消灭，于事无补不说，还徒增辽军精气神，灭了宋军和皇帝本来就不算高的士气。

宋真宗来到前线，宋军由军神级别的将领李继隆领军，最多也就使宋军能放弃继续逃跑的念头。如果辽军真的动真格、不识相，想攻占澶州。宋军的广大士兵们还是愿意舍生忘死、杀敌立功的，甚至在澶州城下，主动出击，打得辽军灰头土脸，颜面扫地，取得让辽军止步不前的战果，这是没问题的。可指望他两位让宋军绝地反击、打一个灭国之战，则非常为难。这种为难情绪还真的不仅仅是大家怕死，不给他两位面子，实在是这种要求缺乏务实精神，明显是在纸上谈兵。幸亏，无论是宋真宗还是李继隆都没有头脑发热，提出这样不靠谱的要求。

对于辽军而言，正如上文所说，辽军的主帅死了，还是远道而来。之前已经打了很多仗，来路上的宋军对他们虎视眈眈。不管宋朝君臣如何想，辽军还是必须保持高度警惕，万一这些来路上的宋军冒出一个关键时刻不怕死的忠臣，冷不丁地在辽军后面搞一下突袭。虽然不至于让辽军伤筋动骨，但万一让宋军偷袭成功，让其他龟缩避战的宋军看到希望，萌生出昂扬的斗志，纷纷出来搞他们一下，这也是相当麻烦的。

更关键的是，宋军在澶州城下已经列好了步兵方阵严阵以待。这时候即便是真的调动一切力量冲击宋军大阵，骑兵们也还是要掂量一下的，之前这么干过，损失是相当惨重的。宋军拥有的五花八门的自动和半自动武器，虽比不上AK47，辽国骑兵们硬冲也不会沾到任何便宜。再说了,步兵方阵内的士兵们也不是吃素的,冲进大阵的骑兵一旦没了速度,瞬间就成了步兵们宰杀的对象。辽国君臣使用骑兵很少直接冲击宋军大阵,这也是用血肉换来的教训。即便骑兵冲击能够成功,难不成还真指望精锐骑兵爬上澶州城么?而让辽国步兵攻城,这是会要了辽军的命的,澶州可不是个小城,想攻上城头付出尸山血海的代价是不用说的。如果辽军能打攻城战,也不会放着那么多来路上的城池不攻,玩这种风险很大的"斩首"战术。

这些不利因素如鲠在喉,这时候,萧太后和儿子还要继续盘算着杀了宋朝皇帝、进逼汴京城,就确实太自不量力了。除了发泄自己怨气,也就没别的意思了。

五

说实在的,大家开始没有看好澶渊之盟的前景,以为又是一次一边推杯换盏表面言和、一边磨刀霍霍秣马厉兵的誓约。但在以后110年里,宋辽之间尽管摩擦不断,在仁宗朝,宋朝还增加给辽国的"岁币",但确实再也没有出现过彻底撕破脸的举国之战。

不过,除了两国在军力上始终保持着旗鼓相当的局面外,让澶渊之盟始终有效的更重要原因,应该还不是辽国舍不得那点"岁币",而是舍不得两国之间的贸易。

当时,在辽国能生产很多附加值不低的产品,有能力、有条件和宋朝正经八百地做生意。虽然财大气粗的宋朝可能不会看重辽国辛辛苦苦生产出的那点儿产品，可辽国在人口规模和经济文化水平等综合国力指标上如何能和宋朝相比、对从宋朝来的产品数量和品质，始终很看重，甚至可以说是依赖。特别是随着岁月流逝，这种依赖程度不是减少，而是越来越重。

对辽国而言，能傍着宋朝这个"大款"，通过贸易才能把自己的比较优势发挥出来，国家经济也就有了无限发展的希望。回头看看在草原上靠打劫起家的先辈们，他们整天也是忙忙碌碌的，可真正又能从中原抢到多少东西呢？现在，对于辽国而言，有了不动刀枪也能发展自己的环境，谁也不会再寻思着弄武动粗了。

再说了，澶渊之盟签订之后，宋军虽然后来在河北防线上防御逐渐松懈，但也不能说就对辽国完全信任，撤掉了防御。虽然宋军的进攻能力受制于马匹的供应量和品质，从宋朝的军事科技发展水平史看，其防守能力还是稳步上升的，在大部分时期宋朝把辽国的军事科技水平都远远地甩在了后面，这种差距对大辽国产生了一定的威慑。

从之前和宋朝打仗的结果看，开战后两国的精壮劳动力必然要被"报销"很多，可相对于人口众多的宋朝，短期内死几十万人，虽然造成百姓痛苦、国家财政陷入极大的困窘之境。但如果稍假时日，还能缓过这口气。可对于辽国来说，人口总量实在没法和宋朝比，短期内死十来万人，对它来说就是伤筋动骨的大事。

打仗花钱，对于宋朝也是件很为难的事。可真的逼着两个国家必须拼命，在烧钱这个层面上辽国也更要掂量清楚，自己是不是和宋朝是一个级别的"选手"。

在没有澶渊之盟之前，打仗成本不管多高都是要付的，逼着宋朝和自己签订贸易协定。否则，辽国的经济没大宋的帮衬很难振兴。如果宋朝不高兴，搞经济制裁，大辽国的经济特别是他们刚刚发展出来的农耕经济和商品经济，还能不能撑下去都是个问题。而一旦有了和大宋的贸易，除非能像后来的金朝那样，打下汴梁城，直接把宋朝的江山哪怕是半壁拿来享用，也是值得的。否则，辽国君臣不傻，当然能看出来，打仗只是只赔不赚的买卖，还有什么意思？澶渊之盟后，虽然后来宋辽之间经常闹点摩擦和不愉快，可真的拉开架势再打一场像样的举国之战，双方特别是辽国，确实没什么能说服自己的过硬理由和动机了。

打仗这种事一般是不能随便去做的。开始打容易，收场可就难了。双方一旦收不住场子、下不来台，辽国脆弱的经济基础很可能会被折腾光，到那时，即使看到宋朝也被折腾成半死不活的病猫，对辽国的百姓，当然主要是对贵族们，又能有什么现实好处呢？

西夏就是个活生生的例子。别看它梗着脖子和宋朝干了百年，然而从种种迹象表明，正是因为宋徽宗和他认为是股肱之臣的蔡京、童贯之流，硬是把在西北的悍将强兵调到河北打辽国的残兵，几乎马上被宋朝活活掐死的西夏，才终于倒出了那口气。留下的半条命硬生生地又撑了很多年，最后还是麻烦神武到几近天神级别的成吉思汗和他的继承者出面，才把它从地球上抹去。现在回想起来，应该说是金国、在幽州残留的辽军，以及宋朝几代君主对占据燕云十六州的那个残梦，挽救了濒死的西夏。

当然，辽国比西夏强得不是一点半点。但如果真下定决心和宋朝打持久战，辽国的君臣们还要具备不怕长期吃糠咽菜的奋斗精神。

六

可是，不管怎么看，澶渊之盟之后的和平是宋朝买来的。后来，比较有性格的王安石和富弼对宋朝越来越不求上进的做法很不满，公开指责澶渊之盟之后，国家"忘战去兵"，河北军和京师军也是"武备皆废"。当时大家觉得，他们也太小题大做、危言耸听了，怎么看都是在鼓励穷兵黩武，很不符合大宋一贯爱好和平的做派和习惯。要不是想神武一把的宋神宗支持他们，这俩人很可能遭受到爱好和平的文臣武将们的拳脚伺候。

不过，在金军杀过来时，那些不争气的宋军的作战表现，以及两个皇帝被人家请到北边打猎的结局，部分地证明了王、富两人的说法不是危言耸听。如果这么看的话，澶渊之盟的好处就是换来了110多年的和平，罪过就是110多年后国家被灭。

可是，要是仅仅这么看问题的话，也有失偏颇了。按照王、富的观点，是不是整天和辽国斗下去，国家就能保持着雄武不屈、斜睨着眼看天下的姿态呢？遥想当年，性格强霸而精明得不可世出的汉武帝和匈奴打了几十年的恶仗，整个大汉王朝却被弄得凋敝不堪，民乱不息，刘家天下也差点翻了船。前车之鉴告诉我们，打仗特别是没完没了的打仗，绝不是解决国家间争端的好办法。

说实在的，对任何国家而言，"战"还是"和"，是一个永恒的问题，对这个问题，要好好思量，不能只看一头。要知道，一旦把握不好"和"与"战"的火候，最后都可能被人很难看地打死。即使王、富说的有道理，但任何事物都有两面性，对于战争与和平，大家必须看到，虽然和平让人弱而死，但战争也会让人困而亡。因此，澶渊之盟有它存在的道理，宋朝也有被灭的理由。

大概因为宋朝的历代君臣和百姓都觉得在澶渊之盟中吃了亏，关键是宋朝梦寐以求的燕云十六州，在澶渊之盟之后失去了法理上的借口，再从辽国手上拿回来了等于在道义和国际法上捆住了大宋朝的手脚。百年下来，让宋人一直深感别扭和不满。

而随着岁月流逝，这种别扭和不满的情绪没有化解，反而不断积累。在这种情绪和社会氛围的影响下，当很想让列祖列宗高看自己的宋徽宗要撕毁这百年合约时，他和他身边一些有权柄的大臣们以及不明就里的普通百姓，因此而保持了很强的正义感。

为了消灭辽国，在私下里，宋朝和在山沟沟里打猎、网鱼的女真人暗通款曲，没少支援金人的武装反叛活动，特别是给予女真人巨大的精神鼓励。受到中原上国的慷慨重视，这些女真人受宠若惊、感动异常。为此，完颜阿骨打整顿女真族拉出的队伍虽然还不足大辽国全军的"零头"，但有大宋的撑腰和支援，终于打掉了大辽国精锐。

当金军横扫大辽国的时候，宋徽宗趁机派童贯领兵北伐，去幽州摘胜利的果子，进而光复燕云十六州，以告慰大宋的列祖列宗。

当时，在宋朝北伐军统帅童贯面前，辽国使臣痛哭流涕，对百年合约被宋朝君臣单方面撕成碎片而深表痛惜，并希望大宋能再认真考虑考虑，"和恶狼一样的金国联合消灭一直和大宋关系不错的辽国，是不是合乎道义"，使者的潜台词是你们这些不讲道义的行为会遭报应的，金国绝不会像我们那样老实巴交地遵守合约。

可是，他得到的只是一笑——轻蔑的一笑。

扫一扫收听本节音频

止杀令

一

在金庸的《射雕英雄传》里,如果没有丘处机就没有后来一系列的江湖恩怨。他是一个小说的引子,从头跑到尾,经常在情节出现重大转折的关键时刻露脸,特别是在大家都陷入感情纠葛而不能自拔的时候,他总是能及时地跑出来,把大家重新拉回国家民族大义的主旋律上来。

他一身正气,年龄也不小了,但依然能保持着"愤怒"的情绪;他疾恶如仇,绝不妥协,给这部小说增添了很多阳刚之气,虽然有时显得他认死理,让人烦。说实在的,如果没有丘处机,这部小说很可能被当成一个爱情加武林争霸的武侠小说来看,很像后来的《笑傲江湖》。可以说,他在小说里时隐时现,从某种程度上主导了小说的精气神。

从《射雕英雄传》走出来,在史书中的丘处机其实并不是一个很多事的人,可以说,还算是一个比较本分、做事轨迹很清晰的人。

丘处机在年轻的时候，师从于全真教开山教主王重阳，学习修道方面的高深学问。他的师傅王重阳在《射雕英雄传》里被当成了一个背景式的人物，其实，在真正的历史中，他比黄药师、欧阳锋等人更真实。

王重阳生活在家国离乱、烽火连天的北宋末年，年轻时，他也是个文武全才的人物，写文章、和人比武过招都很精通，拿过文科和武科方面的"举人"证书。但生活在金朝统治的地区，作为中原人，他也是很愤怒的。为此，和女真人打过仗，失败后，据说很憋屈，跑到陕西的终南山，挖了一个洞，取了一个很恐怖的名字，叫"活死人墓"。

大家知道，根据《神雕侠侣》这部小说的记述，王重阳和一个叫林朝英的女人之间有过很深的爱情，深刻到因为不能终成眷属而结下了仇怨。她的二弟子小龙女据说在"活死人墓"里待了很长时间，练就了一身巾帼不让须眉的好武艺。

但根据历史记载，王重阳在里面待着的时候，主要目的还不是练习绝世武功，更主要的是思考"我是谁、谁是我、我去哪里、哪里是我应去的地方"等人生大问题。大概人家都怕这个阴森森、鬼魃魃的地界儿，没人敢去打扰王重阳的修行。他安安静静地在里面修行了七年，出来后，开创了全真教。

说起来，猛一看，全真教是中国自产的道教分支。非要这么说也可以，但究其实质，其实也不尽然。

王重阳的全真教是儒、释、道三教的混合物，像其他宗教一样，也充满了悲悯的情怀，对招徕广大生活在底层的民众很有吸引力。

在他的教义里，也着重宣扬了"爱惜生命，尊重规矩，追求自我完善"等方面的内容，应该被归入那种积极向上、劝人学好的宗教行列。既然是宗教，在形式上，不管谁入了他的教，除了整天听他讲哲学、修养、心理和生理卫生方面的课程外，出家人所必需的打坐、炼丹、练武等课程自然也是必不可少的。因此，加入全真教，除了能净化心灵、丰富思想外，拥有一副好身板且活得长、活得健康，也是全真教吸引眼球的地方。

那时候，金朝也刚来中原，对如何治理这里还没有找到门路。在它的治下，百姓的生活并不幸福，精神上的困惑也很多。困惑长期得不到解决，郁结已久，身体上自然很难爽快。虽然王重阳开创的教义不能解决大家所面临的社会问题，但帮助大家解决心理和生理方面的问题，还是能到起到立竿见影的效果。

从表面上看，入教确实很消极，但也算是没办法的事。对于大多数没啥毅力的普通百姓，总不能一直处于想不开的状态而把自己活活憋屈死吧？毕竟，日子总还是要将就着过下去的。

在金庸的小说里，全真教和金朝可是不共戴天，王重阳在世以及死后，全真教那种抵抗外辱的斗争热情高涨。而在真实的历史里，其实也是如此。

那时候，很多人都来找王重阳，要求入教。特别是王重阳在山东地区传教时，收获了很多社会精英。在那个地区，一些有文化、有资质、有钱的人，在金朝的统治下，因为深感前途暗淡、生活没劲，大概也是为了追求精神上的依靠，主动加入了全真教。在这些人中，我们比较熟悉的有马钰、王处一等人，另外还有丘处机。

丘处机算是全真教里比较能拿出手的教徒，能被算进"全真七子"之列，大概也不是浪得虚名。经过多年的刻苦修为，到了公元1203年，他的大师兄刘处玄逝世后，丘处机成为全真道教第5任掌教，从此开始了长达24年的教主生涯。

他当家做主的时候，时间进入了13世纪。而我们都知道，这个世纪的中国和世界历史属于草原上的成吉思汗和他统帅的蒙古骑兵。

二

在蒙古成为草原民族大家庭一员时，草原上各个部落的内斗可以说是热火朝天。部落之间经常动不动就打起来，一旦出手，使的都是"杀招"。想从这样恶劣的环境里成长壮大，没有几代人坚持不懈的努力是很难完成的。可成吉思汗仅凭自己就做到了，不能不说是人间奇迹。

当时，占据中原的金朝也是憋着一肚子坏水，经常故意跑到草原来搅和，唯恐草原不够乱。比如，金朝总是支持势力弱小的，帮助他们去打势力强大的。金朝这么干，也有其如意算盘。因为金朝来积极搅和，这些草原部落不得不整日盘算着如何自保，以及如何攻伐。在争抢有限的资源中，人们整天提心吊胆，业余生活被占得满满的，精神上不敢放松，时刻保持极度紧张的状态。不管哪个部落，在这种情况下，哪还有精力和胆量来打金朝的坏主意？更不用想有人能独自坐大了。

当然，搅和也不能白搅和，仅靠一张嘴忽悠显然是做不到的。为了使搅和有实实在在的成效，金朝经常需要花点钱打点，派点兵马威吓和助阵。这样做，除了能保持广阔的草原不给自己添乱，还能逼着所有的草原部落恭敬有加地为自己提供资源，算是花小钱办大事，从大的方面看，不算吃亏。更何况，金朝在草原上花的钱中，其中很多是从草原部落上敲诈来的，对金朝而言，花出去的钱，不过是从左兜移到右兜，弄好了还能挣点，这样的买卖相当合算。

如果这种局面保持和发展下去，很有可能也像以前的中原王朝那样，金朝的皇帝跑到草原上兼个职，比如，李世民和他的子孙唐肃宗都曾当着皇帝还兼任着"天可汗"。这样的话，大家从此心向金朝，自然会打心眼里愿意为金朝服务，金朝在军事和外交方面的费用也会少很多，更不用操那么多闲心了。当然，如果不考虑是不是有实惠，当上草原的最高首领，金朝的皇帝也是倍儿有面的，精神上肯定很愉悦，仅为此，那也是相当值得的。

可是，既然是动态平衡，不是静态的，这就需要金朝玩这种游戏时把握的火候要精到，既不能过也不能欠。说实在，这就相当于走钢丝，稍微不小心走了神，都可能会大头朝下，即使不被摔死，留下的后遗症也让人生不如死。

金朝其实也知道这么搞的风险，但它搞这些小动作，其实是有难言之隐的。那时候，金朝也很忙，它和南方的宋朝虽说不是整天打来打去，但敌对关系或者说貌似和平、内里死掐的状态还是一直存在的。宋朝被金朝赶到江淮地区，对金朝的国仇算是坐实了。从此，如果南宋的历代皇帝不高举北伐的大旗，在立国的法统上是很难交代的。南宋一朝，那些比较有雄心壮志的君主和大臣层出不穷，只要觉得有机会就会马上拉开架势恢复中原旧山河。金朝当然对此很清楚，自然是不敢有所懈怠。面对指不定什么时候就来的南方战争，金朝根本就没胆子压缩在江淮地带的军事力量。

同时，金朝也还要提防它的西北方向。在那里的西夏国个头虽小，但是志气一直不算低。虽然这个国家不会对金朝造成太大的威胁，但不时刻提防着它，难保它逮住机会上房揭瓦，进而得寸进尺，晚上也就甭想睡个踏实觉了。

可是，女真族也是个小民族，不是属于那种能多线作战还能气定神闲的主儿。可以说，若不是金朝喜欢搞这些拿不上台面的阴谋诡计，实在是抽不出太多的兵去草原上弹压。手上只有这把"烂牌"，家里的余粮也不富裕，在蒙古草原不"玩太极"，还有其他更好的法子么？在一百年间，金朝用花样不断的分化瓦解招数，让草原变成了杀人的屠场。

成吉思汗很弱小时，也经常被人家往死里欺负，他为此还投靠了当时实力强大的克烈部，从而在草原上立住了脚，逐步发展壮大起来。成吉思汗很聪明，虽然他和金朝也有世仇，从骨子里恨金朝，但为了生存和发展，公元1196年，塔塔儿部造金朝的反，金朝出兵讨伐它，塔塔儿部也是成吉思汗的宿敌。成吉思汗趁机和金军联手大败塔塔儿部，并接受金朝的册封。他从此可以以金朝命官的身份去统辖草原各部，成吉思汗成为金朝在草原上的代理人，这是他真正壮大起来的一个起点。当然，让成吉思汗出头打理草原，倒不是金朝喜欢成吉思汗，不过是金朝"玩太极"的一个招式而已。

在长期作战中，一定程度上借着金朝的支持，成吉思汗的势力越来越大。关键是，他的部队经常有实战机会，作战能力自然不是一般的水平。在他的手下逐渐培养出一批能征惯战的骁勇之士，比如他的几个儿子，以及哲别、木华黎等人。

对于金朝而言，大概因为自己长期在草原耍阴谋、使诡计，忽悠那些看似老实巴交的蒙古人时总能成功，也就逐渐放松了警惕。等到发现成吉思汗已几乎统一草原时，它派到成吉思汗那里的使者，竟然还耍上国威风。成吉思汗借机和金朝闹掰了，按照以往的成功经验，金朝只要再纠集其他和成吉思汗有仇、希望得到支援的草原部落，再加上金朝少许的国防军，应该能把这个成吉思汗打回原形。

很可惜，这次金朝玩砸了，真的彻底玩砸了。

三

成吉思汗在狭小、逼仄的夹缝中成长起来，他和他身边的那些兄弟从出生之日起，就没离开过血、火、仇恨以及各种阴谋诡计，对杀人放火这类特殊行业很熟悉，算是这个行业内的资深人士。

他们对人世间阴谋诡计也很稔熟，把玩得很精准到位。在各种苦寒、无望的生活环境，以及你死我活的恶劣竞争中逐步壮大，成吉思汗和他的部下们的心早已如铁一样冰冷坚硬。

在不断的征战中，成吉思汗在草原战争中脱颖而出，像大多数很牛的开国君主以及各类大大小小的成功人士一样，他的地位和天下也是扎扎实实地打出来的，内在实力过硬。

此后，他陆续消灭了草原上势力最强大的克烈部，又干掉了乃蛮部等其他部落。从当时的形势看，只要愿意，他完全可以把脸一抹，拿出舍我其谁的强横姿态，不管哪路高手想和他掰掰手腕，他都无须谦虚。

直到丘处机当全真教掌门人时，可以说，草原已经成为成吉思汗的囊中之物了。这时候，不管草原有多广阔，也已经盛不下他了，他已经完全具备走出草原的实力。

后来，他带着蒙古铁骑，出了好几次远门。曾和西夏以及盘踞在西域的那些个头不大的国家，打了几场很漂亮的战争，胜利使他们看懂了自己，也看清了周遭的世界，进而内心不由自主地升腾起巨大的信心，深深地觉得"自己原来还是很强大的"，"缩着脖子过日子，到了该结束的时候了"。

在一片大好的形势和成吉思汗的感召下，蒙古的将士们也都深深地感到，他们的大汗和蒙古军团的实力是不含糊的，也都非常支持他们的大汗带着大家杀出草原，去别的地方"逛逛"。在大家的一致支持下，蒙古铁骑把兵锋指向长期把他们当枪使且自以为是、貌似强大的金朝。

在公元1211年之后的四年里，成吉思汗的部队多次打入中原腹地，在华北大地横冲直撞，杀人无数，所过之处留下很多屠城血证，弄得金朝手忙脚乱、焦头烂额。蒙古骑兵的成功入侵使得金朝外强内虚的本质暴露无遗。对于金朝而言，以前跑到成吉思汗那里摆老大资格，现在这么不禁打，这时，可能连它自己也会觉得很不好意思回首往事了。

成吉思汗除了对金朝不客气外,对其他地方也一视同仁,干出很多杀人无算、灭国毁疆的事。比如,公元1218年,蒙古军队灭掉了盘踞在中亚地带的花剌子模国,把这个国家的官员、百姓能杀的全杀了。这还不算完,他还命人摧毁了人家以后指着吃饭的水利设施。没了水利设施,几百年里,中亚地区再也没有机会恢复元气了。

这时候,丘处机登场了。

四

当时,在花剌子模国的成吉思汗听说,在中原的丘处机道骨仙风,是中原地区著名的长生方面的专家。据说,丘处机自己已经活了300岁,是个不可多得的、现实版的"活神仙"。成吉思汗已经意识到自己的生命价值,觉得自己还有很多事没办完,非常需要再多活很多年。如果可能的话,他最好能长生。抱着这样一厢情愿、不切实际的美好愿望,他派人跑到山东,要把丘道长请到中亚,帮助自己实现这个"白日梦"。

根据丘道长的弟子李志常整理的《长春真人西游记》,成吉思汗派人来的时候,丘道长其实也就70岁。虽然在那个战乱频仍、医疗水平不高的年代,一个人活到他这个岁数,其实算是不容易了,但根据中国神话典籍的记载,对于成仙,丘道长的这个年龄可能连及格线都够不上。

虽然没有活到300岁,可在这个年龄上,让丘道长跑那么远的路,即使用轿子抬,也是件让人很为难的事。为此,他面对来使,明确表达了"自己年龄太大,让他出远门,有心无力,实难从命"的意思。

当然,不管这是不是托词,但有一点可以肯定,即使成吉思汗近在眼前,如果丘道长真的有长生之法,大概也不会心甘情愿地成全成吉思汗。之前,那些彪悍而凶残的蒙古骑兵也来过山东地区,在这里没少杀人,财货也没少抢。要不是因为自己年龄大,说不定丘道长早就非常高调地带着大家伙儿和这些蒙古兵干上了。

作为修道之人,如果丘处机亲自出马,帮助成吉思汗实现长生,这不等于助纣为虐么?以后,他还怎么好意思宣扬一心向善的教义?当然,这么做更对不起那些在天上看着自己的全真教的先辈。

成吉思汗派来的使者还算是比较有教养的,表面上相当客气,摆下恭敬的姿态,没少叩拜作揖,恳求丘道长跟着走一趟。他大概还表示说,如果他丘处机宁死不去,自己很可能会被老大给活剥了。按照很多人的看法,有好生之德的丘处机因为拗不过,也担心惹怒了蒙古人,使自己的教徒遭殃,因此抱着去一趟走个形式的想法,最后还是上路了。

可是,根据史料记载,当时,这个使者来的时候,还有一小队蒙古骑兵跟着,但没有马上来到丘处机的眼前,只是在不远处待命。其实,成吉思汗大概是做好两手准备的。如果丘处机死活不跟着走,这队蒙古骑兵也就只能亲自来"请"了。大概丘处机最后答应跟着使者走,应该也是看到了这一层。要知道,他已经到了古稀之年,而且还拥有道骨仙风的气质,怎么好意思被人家五花大绑扔到马背上,非常狼狈地被驮走呢?

传奇由此上演。

按照《元史·丘处机传》的记载,丘处机辗转万里来到中亚,见到成吉思汗。虽然实际上是被"软绑架"过来的,丘处机依然没有丢掉出家人所秉持的诚实守信的本分,或者说他下定决心,坚持哪怕自己下了地狱也要感化成吉思汗的想法。

和成吉思汗见面后,他很实在地说自己其实没什么长生之法,只有"卫生"之法,也就是他手上掌握着一些如何减少疾病或者一些治病的良方,他就是个懂点医术和保健之术的人。可成吉思汗好像并没有因失望而发怒,而是表现出"虽然误听了谣言,但依然觉得歪打正着、非常值得"的表情。而后,丘道长趁机和他聊了很多治国方面的传统理论,期间氛围很融洽。从史书记载看,他们很像慕名已久、相见恨晚的武林高手,聚到一起,也忘了为啥聚到一起,只顾着切磋武艺、交流心得了。当然,聊的内容大多数是和国祚的长生有关,而和个人的长生其实沾不上什么边。

丘道长所说的治国方面的理论,就是儒家那套学说,所表达的中心思想是,你成吉思汗应该争当天下最大的地主,而要成为成功的大地主,就必须以敬天爱民为本,以施仁义为要义,力争少杀生或者不杀一人,而使天下归心。

大概害怕出现对牛弹琴的局面,丘道长还借用地震、桥塌等自然现象,警告成吉思汗,从而强调他所说的是君主必须做的正道,如果不听,那是要遭报应的,也就是说"如不听话,必遭天谴"。据说,成吉思汗听罢,觉得很受用。

止杀令就此出炉。

五

按照《长春真人西游记》的记载，丘道长回家时，成吉思汗已经把丘道长当成了"活神仙"。为此，赐予他"金虎牌"，还派出部队把他恭恭敬敬地送回中原。在大家的印象里，在这次世俗权力与精神权力的完美结合中，文明降伏了残暴，残暴臣服于文明，丘处机可谓是功德无量。

丘处机回到中原后，全真教在蒙古势力范围内的崇高地位算是被确定了。作为教主，丘处机利用成吉思汗给他的特权和地位，没少在中原地带做好事，使很多人免遭涂炭，趁机也招揽了很多信众。后来，全真教的大本营长春宫，也就是今天北京的白云观，建在了元大都上。在元朝政府的支持下，全真教成为"可掌管天下出家人"的国教，据说最后还达到"古往今来未有如此之盛"的局面。

可是，让大家失望的是，丘处机离开中亚后，成吉思汗还是在花剌子模国的土地上杀了很多人。而他最后一次领兵出征，是攻打西夏。可这时，他手上的屠刀也没有入鞘，依然使出"投降不杀、抵抗杀尽"的惯常套路。不过，他没机会看到西夏被攻灭，却死在了前线。

他的儿子托雷继承了他的遗志和仇恨。在托雷的指挥下，蒙古军队不但杀了西夏的皇帝，而且还对西夏都城中兴府大开杀戒，以至于血流成河、伏尸无数，把这里变成了屠宰场。期间，这些蒙古兵还顺手把大部分珍贵的西夏建筑和典章给毁了。要不是因为一个叫察罕的将领劝谏，也不知道蒙古军队何时才会收手。

成吉思汗和他的子孙并没有因为丘处机的三言两语就真的打算放下屠刀。这么看,即使当初在中亚时,成吉思汗说好了不再滥杀无辜,但那也只是做表面文章,心里根本就没当回事儿,明显忽悠了大爱无疆的丘处机了。

很多人认为,从生态极为恶劣的草原走出来时,成吉思汗和蒙古兵将从娘胎里出来时,浑身就带着戾气,指望这些人放下屠刀,也太天真了。这些人来到人世上,就是来履行上天派给他们杀人的使命,以使生态趋于平衡。这句话的潜台词是那时候人类仗着自己长着一颗智慧的脑袋,但还没认识到自然和自己具有亲密互生的关系,多吃多占了自然资源,以至于其他不太聪明的生物到了活不下去的地步。

这样理解看似很有理,其实也就是一种天命论的说辞,没什么说得过去的理由,甚至可以说,是戴着有色眼镜看人家成吉思汗和蒙古人——为何非让蒙古人当维护世界生态平衡的卫士,而不是中原人呢?坚信这些观点的人,应该是因为看不惯在战场上蒙古军团肆无忌惮、杀人如麻的行径。在他们看来,既然没法子阻止蒙古军团滥杀,但最起码,在舆论上不能再吃亏了,此所谓"输人不输理"。因此,找个看似冠冕堂皇的理由,往蒙古军团身上泼脏水,丑化他们,主要目的大概也就是宣泄不忿之气,实现心理平衡。

从蒙古军队屠城的事例看,他们确实很野蛮,而如果认真分析细节的话,却发现几乎每次大屠杀,都是因为被屠杀者首先违反和平相处的约定,成吉思汗气不过,才挥兵讨伐,很有点讨回公道的味道。

那些遭到蒙古骑兵蹂躏的国家和地区,之所以违反和蒙古人和睦关系,其实也另有原因。在当时,一个国家或地区想和成吉思汗和平相处,当然要签订正式的友好条约。不过,这样的条约自然是要把保障蒙古人的经济利益放在首位。可是,仅此一条,就会让那些一贯骄傲的大大小小的君主们深感不满。他们认为,成吉思汗是从蒙古草原上靠运气好蹦出来的草莽式的人物。这些君主们从骨子里是不太把成吉思汗和他的军队当回事儿的。

更何况,在很多时候,蒙古人要求这些国家、地区和自己签订的就是十足的不平等条约。如果签订这样的条约,从此以后,就要向成吉思汗称臣纳贡,蹲下半截身子来做人。对于有骨气的人而言,这种约定等于要求他凭空具备"唾面自干"的素质,"是可忍,孰不可忍",如此为之也太丢人现眼了。因此,即使暂时打不过成吉思汗,被迫和他签订合约,一旦有机会,也是要暗地里毁约的。

既然这样,我们是否可以推断,那些和成吉思汗闹别扭、大打出手的国君和部落首领,都是"宁可站着生,不愿跪着活"的主儿呢?其实也不尽然,比如,上面提到的花剌子模国,它被成吉思汗灭掉,原因既不是因为这个国家很有骨气,想替大家出头,充当抗暴英雄,也不是因为成吉思汗看上了金银财货,而是因为它没事儿找打。

本来成吉思汗和花剌子模国已经签订了和平共处、平等贸易的合约,但花剌子模国的一个地方官因为一时脑子短路,起了贪财之心,擅自劫杀了成吉思汗派往中亚的商队。其实,在当时成吉思汗正忙着和金朝打仗。如果花剌子模国的老大对这件事低调处理,向成吉思汗认个错,最多把那个比较无耻、还擅自惹事的地方官引渡给成吉思汗,再赔点钱,这事儿可能也就算了,哪怕这么做是虚情假意的,也不至于遭到灭顶之灾。再说了，在这件事上，花剌子模国是失理的，为此，摆个低姿态也不算丢人，却更显大国风度。可是这个国家的首领是个糊涂蛋，看不清形势，认不清自己的实力，或者说情报工作实在太差，没看清成吉思汗的蒙古军队的本质。他不但对成吉思汗发出的外交照会和指责不当回事儿，还一时兴起杀了成吉思汗的使者，侮辱了副使。既然花剌子模国这么不识相，成吉思汗也只能很不情愿地暂时放下金朝，挥兵西征，灭了这个国家。

现在我们知道，从当时的情形看，对于那些暂时打不过蒙古人的国家，只要好好地和蒙古人做生意，对他们表示臣服纳贡（哪怕是名义上的），也用不着把自己的国家降格为蒙古人的地方行政机构。这样的话，成吉思汗一般是不会主动去打它的。相反，还会和这些国家认真地搞礼尚往来，成吉思汗甚至曾经把女儿嫁给对自己表示臣服的君主。

六

不过，成吉思汗毕竟强迫了一些国家附属于自己，等于逼着人家把自尊当粪土，很多国家和蒙古兵死磕到底，那也是被惹急的结果。但即使非要打仗，以前也很少有像成吉思汗那样，不出手就算了，一旦出手，几乎从不留余地，不把人家杀得赤野千里，绝不肯罢休。

成吉思汗为什么非要一意孤行、坚持不懈地这么做呢？如果说他因为不在乎名声，而偏偏喜欢这一口，大概也是不对的。他毕竟是统治强大部落和军团的一代天骄。

实际上，成吉思汗对那些撕毁和约的不友好国家搞屠城和滥杀，是在用恐怖主义手段，以相对很低的成本向其他国家传达一种威胁信号，以迫使他们和自己真心实意地好下去。

虽然在具体的战争和屠城中会受到激烈的抵抗，蒙古人不是铁做的，为此也要死很多人。但账还要从整体上算，客观地讲，用这种恐怖系数极高的信号让大家主动放弃抵抗，对降低蒙古人的战争成本还是很合算的。

可是，仅从成本收益分析，也还不够全面，还有一个原因是逼着蒙古人必须这么干。否则，要么因为无法和外部交流财货，成吉思汗的部落被活活困死，要么早晚有一天被没完没了的战争拖残致死。原因也无非是因为相对于和蒙古军团打仗的国家和地区而言，蒙古人及其军队的数量实在太少了，生产力也很落后。

在大部分时间，即使举全力，成吉思汗能从草原上拉出来的人马也不过是敌人数量的零头。如果也想学习其他大国那样以占领别国土地和消灭别国社稷为目标，显然是力不从心的。

大家可以想象，即使蒙古军队占领大量的城市和土地，他们其实也没有多少力量守住这些胜利的成果。打个比方，蒙古军队南下打金朝，如果打下一块地盘，就派兵占领。仅靠蒙古军队那点人马，大概走不到黄河边也就不剩多少人了。难不成大家会相信，由几千或几百人马组成的蒙古军队也能打下金朝建在开封的都城么？说实在的，蒙古军队和所有准备进攻的国家真的打不起消耗战，稳扎稳打的做法是蒙古军队根本玩不起的。

按照以往惯例，草原民族面对一个政治稳定的中原王朝的时候，他们绝不会打灭人家国祚的主意。只有在这个王朝已经四分五裂、无法敲诈出好东西时,他们才不得不打进来,亲自牧民施政。

成吉思汗率军刚刚打入金朝疆土时,金军抵不过,被打得头晕目眩,招架不住,等着被灭国,可成吉思汗的军队却莫名其妙地撤走了。他们很困惑,无非是不知道成吉思汗是来打劫的,没打算要他的地。

丘处机给成吉思汗上的课,其实是告诉他如何当大国也就是中原王朝的皇帝。可他也大概没弄明白成吉思汗为啥非要顶着骂名没完没了地滥杀无辜。

不过,止杀令在以后还是很有效的。蒙古军队彻底打败了万恶的金朝之后,在蒙古政权的核心层里,已经有了很多汉化很深的契丹人、女真人和其他少数民族,关键是还吸纳了前来谋富贵的汉族知识分子。

在这些人的鼓励和撺掇下,成吉思汗的子孙和他的世界观完全不一样了,他们不再迷恋草原,希望自己能长期而幸福地生活在农耕文明发达的地区。既然有这样的想法,那么,在农耕文明发达的地区,他们就要认真对待那些从农耕文明中衍生出的各种规矩,为此,这些子孙部分地遵循了丘处机的教诲。

后来,当上蒙古大汗的忽必烈堂而皇之地建立起一个有模有样的中原王朝,并为这个王朝取了一个大名,叫元。他自己则兼职干起了皇帝这个职业,所以,他也被习惯性地称为元世祖,而不知情的成吉思汗则顺理成章地荣升为元太祖。

可是,实践表明,虽然蒙古人对打仗很在行,但对丘处机所说的治国方略理解得却不深刻。元世祖死后，才过了几十年，蒙古人就被贫农朱元璋赶回草原了。

以后，蒙元的铁骑虽然也屡屡来长城以南劫掠，但他们的身份始终是劫匪，而且他们也从未真的打算反攻倒算，更没真正想过重新夺回中原这块沃土。明朝灭亡后，蒙古人被女真人整体收编，都编入蒙古八旗。

之后，随着女真人入关，从此，摇身一变，也算是中原的主人。可是，这也没什么可风光的，他们等于是趴在女真人的背上，被人家从草原驮回中原，这种方式回来是比较丢人的，应该不能算他们真正回来了。

扫一扫收听本节音频

明朝的边疆危机

一

朱元璋把蒙元赶到草原之后，算是开创了南方彻底战胜北方的历史纪录。

在这次北伐中，南方军队的雄武之气表现得淋漓尽致，蒙元的部队不但让出了大都，让出了燕云十六州，还一溜烟跑到草原深处。那时，蒙元"仓皇辞庙"的悲怆与九十多年前消灭南宋时的意气风发形成了鲜明对比，让人唏嘘感叹。历史的吊诡之处就在于，时间会让所有人的成功和失败都变成不值一提的笑谈。

从纯粹的战斗力上看，蒙元的部队并不是不堪一击，如果他们死活不走，和南方军队殊死决战，南方军队大概也不会这么容易打下大都，也不会这么容易越过长城，牧马草原。从上层建筑上看，蒙元内部对留在中原还是回老家，并没有达成很一致的意见。也就是说，在很大程度上，蒙元迫于朱元璋的部队英勇，而眼看着王朝内部斗来斗去，局面完全失了控，在这种情况下，继续赖下去，也实在没啥意思了。

因此，在皇帝孛儿只斤·妥懽帖睦尔的带领下，蒙元的"上层建筑"主动放弃了大都，一窝蜂地跑回草原。朱元璋还是很念元朝皇帝的好，给孛儿只斤·妥懽帖睦尔追封了一个"顺帝"的名号，表示他是个顺应天命、很识时务的"可人儿"。

不过，让蒙元没想到的是，朱元璋开创的明朝，和其他王朝可不一样，对他们一反常态地不依不饶，穷追猛打。永乐帝朱棣则继承了父亲朱元璋身上那种得势不饶人的霸道作风，他除了派郑和下西洋外，自己则把更多的精力用在草原上，找蒙元残余势力的茬儿，最后病死在讨伐蒙元的工作岗位上了。

与其他中原王朝相比，明朝对草原民族的态度出奇的恶劣，几乎从未给过或者打算给过草原民族任何好脸色。后来，明朝的大将蓝玉使出霍去病的战术，也是直捣敌穴，把成吉思汗的黄金家族彻底打残。

汉朝以降，已经有1000多年了，中原王朝从未对草原民族这么狠过，也从未这么卓有成效地把草原军团打成"丧家犬"，连求饶的机会也不给人家。在历代中原王朝里，明朝的这种狠劲中断了千年，确实让人开了眼。

明朝初年，明军对蒙元下如此重的毒手，追其原因，除了觉得自己有实力这么干，更主要的原因大概是对草原民族的敌视情绪在作怪。从宋朝以后，中原人对草原民族积累下的仇恨或者不信任感，在明朝崛起后算是一种集中爆发。

大家知道，中原地区的民族感觉实际上在宋朝以后才逐渐形成。

从此以后，中原地区的百姓对草原民族的文化排异，逐渐达到无可附加的程度。如果仅仅看宋朝那种不求上进的市井生活和优雅精致的文化，会以为宋朝人孱弱不堪，甚至认为，宋朝应该是一个汉奸扎堆的朝代。

但实际上，也正是这个看似软绵绵的朝代，涌现出像岳飞、杨业、韩世忠、王坚等和外敌死战到底的忠臣良将，以及像文天祥、陆秀夫这样为本土文化、为民族和国家社稷以死抗争的文臣，这些人在民族气节上高拔奇绝，足以感天动地。

虽然宋朝也有过拿钱买和平的软弱行为，但在战场上，如果真刀实枪地和周边的少数民族打仗，宋军的狠劲也是绝不输于其他任何中原王朝。举个例子，即使仅占据半壁江山，南宋也和横扫欧亚大陆无敌手的蒙古军团死战了四十多年。蒙元则历经了三代君王，才最终灭掉南宋，费了老大劲儿。与那些仅在数年就被蒙元灭掉的国家相比，在那个时代，宋朝的强悍大概也就仅弱于蒙元，如果蒙元的军力排名第一，宋朝要排第二，其他国家也不会有什么意见。

深究其原因，南宋占据的南中国江河湖泊众多，不适合蒙古骑兵纵横，这是一个原因。而宋朝的商品经济发达，武器装备的精良程度在当时也是数一数二，这也算一个原因。但这些看得见、摸得着的原因，大概都不如宋朝军民抗击外辱的决心更重要。可以想见，如果没有精神层面的支撑，只有有利的地形和精良的武器，宋朝也绝无可能和蒙元死战了数十年而不倒。之所以宋朝的军民拥有抵抗外辱的行为和意志，应该与宋朝以后汉民族的民族感觉和文化自觉有着直接关系。

尽管蒙元统治中原地区几十年，但这个帝国并没有弱化甚至消灭汉民族的文化自觉。一方面，蒙元的上层建筑没有像其他入主中原的少数民族那样，主动接受汉化。另一方面，它推行民族差别对待的政策，挫伤了汉族的民族感情。比如，蒙元统治中国时，把治下的百姓分成几等人，分类的标准还不是按照中原人比较认可的土地、官阶和文化水平，而是按照向蒙元投怀送抱的顺序。最下等的是南人，也就是南宋降民。

这些南人的公民权利在蒙元时代是最低的。在军队组织上，蒙元把军队分为蒙古军、探马赤军、汉军和新附军，征战时，以蒙古军为主力，军权都被蒙古军的统帅掌握着。在刑法上，朝廷规定蒙古人、色目人和汉人分属不同的机关审理，如果蒙古人打了汉人，汉人只能受着，不能还手，而万一蒙古人下手重了，把汉人打死，也最多被判个流放充军。蒙元朝廷大概怕汉人凑到一起造反，汉人不能搞聚众座谈、迎神赛会之类的群众性娱乐活动。当然，平时就更不能私藏那些弓矢之类的杀伤性武器了，甚至养狗、养鸟之类都不被许可。在税收和劳役方面，歧视性政策也很明显。比如，在征收马匹上，蒙古人不用向国家供应马匹，色目人则仅需拿出家里三分之一的马匹就行了，而那些汉人则要把所有的马匹拿出来交给国家用。这些明显是欺负人的民族政策，还如何能让汉民族关心这个朝廷的死活呢？

但元朝在执行这些法律的时候并不十分严格。总体上看，对治下的百姓没有控制到让人活得局促、压抑，以至于"死了比活着强"的地步，甚至在大部分时候，百姓们的物质生活并没有受到多大影响。与专制王朝相比，元朝不善于精细化的行政管理，对复杂精深的行政管理也没多大兴趣，而对商业贸易的兴趣倒是非常浓厚。因此，百姓们在日常生活中的自由度还是比较高的，出门经商、搞创新性经济活动，都不像在其他专制王朝那样受到太多限制，特别是与宋朝相比，商人这个群体的社会地位明显得到提升，元朝的商业文明在宋朝的基础上向前迈进了一大步。不可想象，如果没有元朝对贸易的鼓励和热情，明朝初年郑和下西洋时哪能造出那么大的远洋巨船呢？

但即便如此，元朝治理下的文化氛围给大家的感觉还是非常不爽快的。与宋朝相比，中原和江南的百姓哪怕物质生活满足了，但传统的汉文化缺失带来的苦闷以及民族自尊心受到的伤害，都是显而易见的。

尽管当亲汉族的蒙元贵族掌权时，也经常会推行吸引汉民族精英分子的制度，比如推行科举制度。可是，这些亲汉族的贵族一旦失权，这些制度也就随之烟消云散了。来来回回折腾，怎么能不让汉族知识分子们恼怒呢？在这种情况下，还如何能指望汉族里的精英分子对这个朝廷产生归属感呢？

明朝建立之后，大家自然而然地形成了统一的认识，那些草原来的人在中原待着让人别扭。对大多数的中原人而言，从感情上觉得还是汉人当家做主心里踏实。因此，朱元璋扛起驱逐鞑虏的大旗，从一开始就很有号召力。在民族情绪、文化自觉已然形成的环境下，打蒙元时，不用像其他王朝老百姓起兵造反时那样，必须把皇帝如何昏聩暴虐、官员如何横征暴敛等恶行说得有鼻子有眼。在当时人看，元朝的当权派因为是草原来的蒙古人，就足够成为元朝挨打的理由了。如果文化人再把崖山之战的惨状拿出来晒晒，大家打蒙元的热情就更高涨了。

而在蒙元的统治后期，据说因为全球瘟疫大爆发，中原大地上大规模死人，朱元璋的父母、兄弟姐妹就是在那个时候相继得上瘟疫去世的。这个时候，白莲教这类民间宗教组织趁机崛起。日子过得不好了，再想想元朝对汉族人的隔阂与不信任的感觉，百姓们造反的热情很快达到了高潮。而这时候，元朝竟然组织几十万民工去修黄河，这种造福百姓的事业，被白莲教教主韩童山打造出造反的平台，"石人一只眼，挑动黄河天下反"的造反童谣很快传遍黄淮上下，丧钟为元朝鸣起。

二

明英宗朱祁镇上台后，受身边的太监王振忽悠，亲自带着50万大军出关作战。当时有很多人觉得朱祁镇这么干有点小题大做。不仔细想的话，这么认为看似很靠谱。

那时候，草原上已经被瓦剌这个草原部落给统治了，但真实实力和以前的蒙元相比，还是相差很大的。这个草原部落虽然经常叩关犯境，而且是屡教不改，但说到底，它的目的不是要消灭明朝，而是要自己需要的东西。

如果明朝不愿意给令他们满意的结果，他们也完全可以像以前那些中原王朝一样派出大将，供足粮草，给足激动人心的口号以及官爵，和它打持久战。如果不出意外，按照明朝的军力，虽然不能把这个民族彻底打趴下，但把它"温柔"地拖残、拖死，倒是没啥问题的。等到草原上内斗起来，明朝不用动手，瓦剌也会被其他准备崛起的草原部落活活掐死，以前类似的场景经常呈现在大家面前。

如果非要学习自己的祖上御驾亲征，明英宗其实也用不着带这么多部队。不管在热兵器还是冷兵器时代，军队能干还是不能干，主要看军事训练和主帅的素养，而不在于是不是数量很多，这大概是通理。

只有那些不懂军事、仅具备打群架经验的人才会觉得人多力量大，力量大就能胜。可大概因为朱祁镇正是这样的人，他拉出如此多的人马，和只有区区几万人的瓦剌人玩灭国作战，在他看来，自然也就很合理了。

当然，如果这个推理不成立，而说朱祁镇亲自出马，是因为很想显摆自己不是怂人，绝不输于祖爷爷们的武功。这也是说得过去的，毕竟那时候他不过才20多岁，在这个年龄上，一个人应该都是极度渴望被别人看成大英雄的——可是，他其实也不知道自己算不算个英雄。因此，有条件尝试一下，他这个人一定不愿意放过。

不过，很多重大历史事件的发生如果仅仅从个人因素考量，就显得很偏颇了。从大局看，从宋朝越过元朝，汉民族的文化自觉和自尊被比较完整地传承了下来。而明朝是汉族建立的国家，出于保护本民族文化和自尊的考虑，明朝政府对草原民族的不信任感、敌视和厌恶感是很强烈的，甚至比宋朝只强不弱。

毕竟，蒙古铁骑踏地而来的回响依然响彻耳边，在明朝看来，从金灭北宋、蒙元灭南宋的前车之鉴不远,这些草原来的兵将随时都能够、也有意愿灭掉自己。任何姑息和纵容都是自取灭亡之举,防微杜渐自然是必不可少的。

明英宗朱祁镇当家做主后,开国时期那种放达豪迈的气质随着老一代的功臣良将的辞世早已经消退。没了给自己信心的百战之师、百战之将,明朝对北边的那些草原军团的恐惧自然是日益加深。

同时,从朝代的性格上看,明朝和宋朝很相似,都是趋向于内敛。也就是说,明朝并不是很在乎自己是否能跃马边疆,是否能开疆扩土,可是,对精致生活很在乎,对"平安是福、安全第一"也很在意,对内部安定更上心。但越是想要保护自己手里的一亩三分地,越是怕失去已有的东西,对外部来的压力,就越容易紧张。

在明朝,这种患得患失的心理使我们很难感受到这个朝代拥有"敢犯我强汉者,虽远必诛"的强悍气场。做起事来,容易过度紧张、小题大做。对有利于防守的事,明朝总是乐此不疲的,把荒废千年的修长城工程又非常认真地重新启动起来,也就不足为怪了。明成祖朱棣之后,内敛的明朝从未想过越过长城直接把草原民族从身边赶跑。在明朝君臣看来,把万里长城修得既结实又面面俱到,才是应该下功夫干的事儿,如果可以的话,最好能在长城上架上重机枪和榴弹炮,使整个国家裹上厚实的装甲。唯有如此,大家伙才会更加心安理得地在城墙后面,放心大胆地过上安定、和谐的美好生活。

这么看,明英宗率领 50 万军队北出长城讨伐瓦剌,也应该是过度紧张心理的一种表现。而明军全军覆没,皇帝还被活捉(这算是开创了草原和中原对抗战争史上的先例),更加深化了明朝对草原的紧张心理。从此，明朝的性格更加内向，精神更加紧张。任何有利于敌人的事，都会让它感觉不安全，哪怕自己也因此而受益，也坚决不做。对草原来的任何"风吹草动"，它都要睁大眼睛、竖起耳朵，对于任何草原军团的来犯，只要自觉得有资本和草原军团硬碰硬，几乎不假思索地坚决予以回击。

现在看来，虽然有些危机确实是草原军团主动找他的麻烦而造成的，有些危机则是它认为草原军团可能会找它的麻烦而造成的，属于自己吓自己，紧张过度所致。正因为它整天紧张兮兮地盯着北部边疆，让人感觉它的边疆几乎没消停过，始终处于危机四伏的状态。

三

说起来，按照当时明朝的国力和生产力水平，如果想使自己安全，虽然可以不学习为打匈奴差点把国家折腾死的汉武帝，但也完全可以学习唐朝、金朝那样，在草原上耍阴谋诡计，实施拉一个打一个的策略。比如，给那些愿意和自己交朋友的草原部落各种好处，对那些不够朋友的部落则不给任何好处，甚至有时间的话，联合大家伙儿把和自己不对付的部落揍一顿。这样的话，草原各部落从此被明朝分化瓦解，陷入窝里斗的泥坑里不能自拔。明朝也就可以高枕无忧了。

从明朝的经济实力和军事实力看，做到这一点，应该问题不大。可是，正如上文所述，明朝从出生那天开始，就继承了宋代的内敛性格，这种性格限制了自己的手脚。对是"打"还是"玩心眼"，说实在的明朝始终也没个准主意。

如果放手去打，明朝害怕把自己的经济拖死、把美好生活打烂。大家都是和平时期出生的，对刀头舔血的日子自然很不习惯，当然，也更恐惧。对长期的举国之战，其实没有多少人真心实意地举双手表示支持（个别愿意把自个的命拿到赌桌上搏一把的投机者除外）。再说了，在朱元璋和明成祖之后的明朝皇帝们，虽然有个别在偶尔的时候也曾雄壮了一把，但总体上看，大部分皇帝也都是属于那种能多一事不如少一事的主儿，让他们挑头去和草原军团死缠烂打，还是省省吧。

可是，"玩心眼"或者说和草原的军事大佬玩太极，说起来挺容易，但放到明朝也显得很难。要知道玩心眼、坑人这活儿的技术含量是相当高的，没有在坏人堆里几十年如一日地摸爬滚打，和善于总结玩心眼的经验教训，也是玩不起的。这倒还在其次，关键是既然玩阴谋诡计，难免要和草原上个别部落头领暗地勾结，私下里推杯换盏、交流"虚情假意"的事儿也是不能不做的，这种活儿让谁去干呢？皇帝当然不能出头，只能让有能耐的大臣去。可是，如果玩砸锅了呢？在眼里不容沙子、内敛而保守的明朝，不用想这人一定会被正义凛然的皇帝和忠君爱国的大臣们活活地骂个半死。这还不会完，临了了，如果不出意外，这人还需要被拖出午门剐了或者砍了，以向天下宣示，明朝的气节绝对不能被个别坏分子无耻地败坏。

当然，即便没玩砸，也没啥好显摆的。在明朝人看来，给蛮夷赔笑，在蛮夷面前说道理，是件比较丢人的事，有啥可显摆的？说到"大天"，这种把草原那点事摆平的人，也不过是有点能耐的汉奸。在明朝看来，和蛮夷拉扯得近乎，这只有立志当叛徒、汉奸和卖国贼的人才能干得出。这种人即便累死到为国为民的工作岗位上，也不会得到明朝君臣和百姓们的一滴眼泪，自然更不具备神气活现、摆功臣架子的资格了。

实事求是地讲，到了明朝中后期，朝堂之上，明里暗里的党争如火如荼、连绵不绝，内斗就已经使君臣忙得不亦乐乎，谁还有精力和时间，忙北部边疆的事儿呢？国家也就更没有实力考虑和草原军团死磕或搞外交阴谋了。

其实，终明一朝，除了在外交、军事上可以做些手脚外，保卫边疆还可以采取对外贸易这一手段。原因很简单，明朝一旦和草原开展贸易往来，会让草原上的人不敢随便和明朝闹掰。

草原部落的头领和各阶层的人群也不傻，他们知道，人家明朝和他们正经地做生意，草原上的贵族和百姓能够不动刀兵，就可以换来自己渴望已久的必需品和奢侈品。而一旦闹掰了，明朝生了气，关了榷场，断了他们好吃的、好用的供给，草原上的兄弟们也还是要掂着刀出门打劫的。这么干费劲不说，平静生活也别想过了。

虽然说，草原上的人从小对骑马杀活物不陌生，但他们在可以不打仗也能得到想得到的东西时，却依然热衷于去玩命，则很有"门缝里看人"的味道了。人家和中原人其实也是一样的，也都有七情六欲、父母兄弟、老婆孩子，如果不是被逼得活不下去，谁会是天生的和平厌恶者呢？从明朝的史料看，如果明朝和草原认真地做生意，而且还愿意对交易的价格不太计较，在草原上大大小小的部落一般都是很老实的，甚至摆出相当低的臣属姿态，他们也是毫不在乎。

不过，对搞贸易，明朝也总感觉不踏实。终明一朝，开榷场就是在给草原输血，这始终是一个主流的看法。大家比较一致地认为，万一那些从贸易中拿到太多好处的草原部落逐渐壮大起来，这该如何是好呢？要知道，成吉思汗之所以崛起，起初也得益于来自金朝的物质帮助，而金朝从东北能变成雄霸一方的大国，消灭了辽国和北宋，那也是离不开北宋之前给它的各种战略物资。一旦再走这条路，明朝很担心在以后的战争中吃了大亏，甚至亡国。既然这样看，还是长期坚持对草原的经济封锁才是万全之策。虽然屡遭草原的侵扰，但因为知道草原军团缺乏物质保障，明朝总还是对避免亡国充满信心的。当然，后来，明朝还是在北部边疆开了榷场，不过，这也是因为明朝在军事上实在觉得撑不住的结果，这么做明朝是无奈的，并非主动使出的边疆策略。

四

当然，有人说，单纯地使用一个策略，确实让人不踏实，能不能把外交、军事和经济策略一起用上呢？虽然这么做不能保证有个别草原部落因为自认为利益上受到不公平待遇，或者冒出个把野心十足的部落首领，在个别的时候主动找上门和明朝打仗。但即使如此，相信这些来闹事的个别草原部落也"把横"不到什么地步。

在军事上，对明朝而言，和个别草原部落过招也没啥可怕的。毕竟在边疆拥有数十万军队和稳固的长城，哪怕军队的士气不太高，人家既然找上门来了，大兵们即便为了自己活命和挣些赏钱，也还是会对杀过来的草原军团予以迎头一击。如果这样长期搞下去，相信这些没事找事的草原部落因为得不到其他部落的支持，自身的实力也有限，最终也不会得到啥好果子吃。

如果连这种规模不大的战争也不想打，那也行。明朝完全可以召集其他的草原部落，开一个"东北亚国际事务圆桌会议"。一些部落在和明朝搞贸易的过程中，感觉比较满意，就让他们站出来评评理，然后形成一个一致通过的决议，进而组成一支维和部队。这样的话，既能占据道德制高点，还能拥有众多的同盟军。这时候，再去修理那个招惹明朝的坏分子，明朝说不定自己不用出兵，或者象征性地派个军事观摩团，也指定能彻底打残那个在草原上破坏和平的坏分子。

其实，明朝确实使过军事打击、分化瓦解和经济贸易的混合招数。在万历年间，辽东主将李成梁长期侵略东北。对待那里的蒙古族和女真族，他非常善于"玩太极"，专门帮着弱小的部落修理强大的部落，把那些有潜力对明朝造成威胁的各个部落，扼杀在初生之时，比如，建州女真族比较弱小时，他就专门给他们与明朝做生意的机会，对那些来他的地盘搞掠夺的蒙古部落，也经常搞草原军团惯使的招数——长途奔袭，到了人家的地盘上，杀完人，还要放把火，所作所为完全可称之为恶贯满盈，让蒙古人痛恨不已。同时，他还挑拨各部落之间的和睦关系，唯恐天下不乱。

他这么干之后，虽然在辽东地区，兵火连天终日不断，但始终能保持大明的军旗不倒。更难能可贵的是，他手上的兵将一直都不算多，也就万把人规模的骑兵部队。后来，明朝与努尔哈赤和皇太极等人作战，可是花了大价钱的，最后也没搞定。这样比较一下，则显得李将军更是不可世出的大英雄。难怪那个名震天下的徐文长愿意千里迢迢地跑到辽东当李将军的家庭教师，在他看来，戚继光和李成梁是一样档次的神将。

可是，如果细究起来，从明朝边疆的大战略看，李成梁的作为其实也没啥可称道的。一个原因是李成梁毕竟只是一个地方官员，他要出的策略充其量不过是地方层面的小策略，放不到国家战略层面上。他这么干也实属无奈，可以说也是被逼出来的。从头到尾，李成梁手上也就那么点人马，有时候，他想向朝廷多要点，可朝廷还给他打"马虎眼"。从当时的情形看，朝廷能多给他些经费、奖励和奖状，也就相当够意思了，没有公开怀疑他拥兵自重、心怀不臣之心，就已经算是皇恩浩荡了。宦海沉浮几十年的李成梁当然也不会、更不敢向皇帝要兵马。如果一直变着法子向朝廷要军力，把皇帝逼急了，难不成让皇帝下诏问他，"天下太平如斯，要那么多兵马干什么用呢？"

另一个原因当然更重要，他李成梁玩了一辈子阴谋诡计，最后也没玩好。正因为他锲而不舍地、自以为是地"打太极"，明朝在金朝曾经跌过跟头的地方，又跌了一次。也就是，在李成梁虚情假意地呵护下，表面忠厚而内藏奸诈、表面满足于小富即安而心志远大的努尔哈赤被彻底养肥。李成梁死后，也就没人管得了努尔哈赤了,这一后果的严重性,也就不用提了。

李成梁使出这些招数时,还算是心无旁骛、专心致志,但也没落下一个善果。如果朝廷使这些招数还要受到意识形态的限制和认识不到位等因素的影响,那么,成功的概率也就更小了。

五

对于草原民族而言,既然明朝不过多地插手草原事务,那么他们也就可以按照丛林法则放手一搏了。大家靠拳头、谋略,淋漓尽致地发挥"狼的精神",争夺草原的生存空间。既然是完全竞争的格局,自然是谁有能耐、谁的运气好,谁就占据草原的"头把交椅"。朱祁镇征伐的瓦剌就是在明朝"作壁上观"后,靠自个的能耐打遍草原无敌手后,才最终崛起为新一代"草原大哥"的。

说起来,这个民族的崛起还要感谢朱棣,要不是朱棣一门心思地打残草原上的黄金家族,这些以前都是臣服于黄金家族的小喽啰们也还真没啥机会在正史里抛头露面。要不是朱祁镇被瓦剌在土木堡活捉,以及北京城被瓦剌军包围,一般老百姓谁会知道这伙人?

朱祁镇被抓后,人家明朝的臣子们主动找了朱祁镇的弟弟上台当皇帝,表达的意思是,宁肯把朱祁镇扔到苦寒的草原去当为朱明王朝尽忠的高级烈士,也不会妥协。这一做法使明朝对草原强横的边疆战略一显无遗。

但瓦剌的也先很是一根筋,坚决带着明朝的前任老大,兴致勃勃地率军把北京城围成铁桶。他觉得,不管咋说明朝的君臣总要给个朱祁镇个面子吧，拿出说得过去的银子把人换回去，想必明朝是不会犹豫、推诿的。

可是，也先错了。当时，看着瓦剌军兵临城下，气势汹汹还得意扬扬，以于谦等人为代表的忠臣们气势上一点也不衰，硬是在危困中，组织起北京保卫战，还拉出鱼死网破的架势。这让心理准备严重不足的瓦剌军及其首领也先大失所望，而在战斗中更是被搞得相当狼狈。

这时候，瓦剌军陷入极度的被动之中。退兵吧，大老远跑来，还带着明朝的前任皇帝，啥都得不到，实在是窝心得很，而在都城附近抢的那点东西，实在是和预期相差太大。不退兵吧，眼看着明朝的各路勤王之师向都城汇集，再继续在攻城战中耗下去，被明军"包了饺子"，也是很可能的。也先为此差点纠结死。

"肉票"砸手里了，这时候再撕票也没啥好处，更不符合草原民族那种务实求利的做事风格。最后，也先横下心，带着朱祁镇逃回草原。对他而言，这时候，他算是丢了大脸，事业跌入深谷。回到草原后，也先一盘算，发现就这么养着朱祁镇这个贬值的"战利品"非常亏本。最后，他不得不摆出相当低的姿态，几乎是求着明朝把朱祁镇要了回去。

朱祁镇临走的时候，也先相当客气。看他的表现，他好像真的把朱祁镇当成闲着没事儿、来草原打猎的天朝皇帝了，而他不过是负责搞招待的地方官员。对于也先来说，搞了这么大的动静，也没得到啥好处，要知道这样，当初打死撺掇皇帝打自己的大太监王振就行，抓什么皇帝呢？他的肠子应该是悔青了。

扫一扫收听本节音频

紧张的明朝都城

一

明朝的开国皇帝朱元璋不惜花大钱,到处修城池、设堡垒,都城南京修成全国的样板,之后的明朝历代君主们,虽然把太祖留下的很多遗训当成了耳旁风,但一直以来,对修城这件事倒是落实得一丝不苟,可以说有过之而无不及。长城在明朝手上则被扎扎实实地串起来,有模有样地矗立在北部边陲,完全不像汉唐那时候,到处都是漏洞,既不结实,又不经风雨。对修城这件事儿这么上心,说明了明朝的君主们对外敌的一种态度——拒人于墙外,而不是主动出击,歼敌于野地。

这种明显保守的作风和宋朝倒是很像一个模子出来的,但与其他中原王朝还是很不一样的。说起来,明朝的军队其实很强悍,士兵手上还抄起了火器。虽然这些火器不能连发,装弹也很麻烦,但如果组织好,再配合上弓弩和火炮去打那些草原军队,依然很占优势。在社会经济发展上,虽然还和宋朝差一大截,但下决心省出钱去打北边的草原军团，也不会让朝廷的日子很拮据。毕竟，和宋朝相比，明朝占的地盘是相当大的，如果愿意的话，搞远洋贸易比宋朝更有便利条件。可是，作为一个统一的大帝国，却摆出挨打的姿态，也实在是太"谦虚"了。

明朝并不是从开始就这个样子。朱元璋和朱棣父子对逃到草原的蒙元势力摆出痛打落水狗的姿态，下手狠毒，毫不留情，像徐达、常遇春、傅友德这类经过残酷战争检验过的猛将们，都曾越过长城，主动到草原上追杀逃敌。公元1388年，朱元璋派后起之秀蓝玉在捕鱼儿海附近，彻底把元朝留下的这点"残羹冷饭"统统吃光。一代天骄成吉思汗的子孙从此一蹶不振，在草原上说话没几个人愿意支起耳朵听了。尽管以后黄金家族里还冒出过一两个比较有出息的，比如俺答汗，可绝无以前那种令世界为之战栗的威风了。

朱棣在登基之前，就已经算是打草原军团的专业技术人才，通过打，也把很多蒙元的残余势力"打"成了朋友。朱棣抢朱允炆的皇位时，这些草原部落也来跟着凑热闹，帮着老朱家清理门户。别看这些草原军团在朱棣上位过程中出了大力气，但在南京城待着时，朱棣对他们还是相当不放心的。说到底，这些人帮自己干活那是想着好处的，与他的臣子可不是一类人。臣子们因为好处达不到自己的预期，也会和皇帝翻脸，但最多是私下里发个牢骚，暗地里多贪点或者多怠点工。可这些草原上来的人一旦拿不到足够的好处翻了脸，马上就会提兵来要说法。不能给个满意的说法，人家也不能白来一趟，自然会自力更生，就地"丰衣足食"了。

朱棣心里很清楚这些人的本色。他在南京当皇帝，心里却想着北边那些不老实的草原部落。他连续组织了五次御驾亲征，声势浩大，纵观历史上的帝王，应该是无人能出其右的。刘邦、柴荣和赵光义也曾御驾亲征，信誓旦旦地要教训草原上那些非常不懂事的坏人，可最后也就是看到长城的影子，像刘邦、赵光义还差点被人家活捉或者杀了，着实丢了大人。人家朱棣则越过长城，纵马驰骋到草原深处，厉害程度明显高出这些雄武了得的帝王一大截。

明朝初年，父子两代皇帝这么下力气打蒙元残余势力，大概他是想趁着自己有能力，手上也有能拿得出手的文臣武将，帮着后世子孙们提前把这些可能祸乱大明江山的妖孽们全部压在"雷峰塔"下，让他们千年不得翻身，并剥夺他们获得超生的机会。他们可真算得上用心良苦、大爱无疆了。但这些积极主动的精神和雄才大略的智商，没有一并作为老朱家的光荣传统和基因流传下来。以后的明朝君主也有个别比较积极进取的，比如，明英宗朱祁镇、正德皇帝朱厚照都曾经表现出和草原军团拼命的情绪。可惜的是前者属于被忽悠的，自己也非常自不量力，后者虽然表现得很神勇，据说还亲自宰了一个敌军，但他更像是游戏，所为实在不像一个靠谱皇帝应该干的。

二

其实，最能体现朱棣对蒙元残余势力强横态度的还不是五次北征，而是把都城建在了北京。在燕山脚下的北京处在草原势力和中原势力交叉处，北边不远处就是燕山和长城。明朝的都城被放到这里，也就意味着以后和草原军团作战丧失了战略纵深。草原军团一旦突破长城，就算是杀到了北京城下，整个国家立马陷入了生死存亡之地。不用想也知道，这里很危险。朱棣之后的明朝皇帝经常被迫处于这种对敌前线的危险境地。明朝想把战略纵深向北延伸，可越过长城后，那里就成了游牧民族的天下，在草原维持一支由农耕民族掌控的军队要付出多大代价，这个账是不能算的，要算是会吓死人的。

辽国、金国、蒙元和后世的清朝在这里建都，是因为人家在草原有势力，长城以北相当于人家的后园和自留地。朱棣在这里建都，从形式上看，实际上是摆出了一种进攻和不妥协的姿态，明显表示，明朝和你们这些草原上混的人，世世代代决一死战，绝不后退。他朱棣首先以身作则。

大家都知道，在皇权社会，皇帝的命是最珍贵的，可朱棣也不管后世子孙中那些当皇帝的是不是都喜欢使枪动棒，就把他们统统地放到了对敌前线，现在看，这也太没人道了。他朱棣倒没觉得什么，反正他能打，肯定不害怕，也不在乎，反倒觉得很方便自己建不世之功、开万世之业。可他这么一干，实际上让接班人很难受，以至于影响了整个明朝的边疆策略和国运。

从此，为了皇帝的安全，明朝不得不保持紧张的状态。至于那些在北京周边的卫戍部队是不是听从号召，能够一心想着皇帝的安危，这个就很难说了。实际上，这些人是做不到的，可皇帝和对国家忧心的大臣们，也就是和明朝兴亡有切身利益的人群，至少是不敢放松的。

明朝后世的皇帝和大臣们一直紧张兮兮地盯着北边，时刻处在一种临战状态，极大地影响他们的幸福生活。更何况，有好几次皇帝还差点让草原军团从北京"请"过去，整个朝堂更不敢有半点松懈了。对待那些草原部落，则必须想出万全之策后才敢和他们打交道。

　　大家都知道，做事情一旦不能冒一点风险，那么回旋余地就小了。没了回旋余地，做事情必然僵化，明朝的边疆政策就是浑身僵硬的。虽然从表面看，明朝也仿效了以前的中原王朝，采取了打仗、贸易、朝贡和分化瓦解等十八般武艺，与草原民族交往。但在明朝看来，如果不把长城修得高大雄伟，抗击外敌的武器密密麻麻地摆在北京周边，让皇帝和大臣们感觉非常有底，他们是绝不敢玩这些花里胡哨套路的。即使这样，玩这些套路，大家也是处处赔着小心，唯恐一步踏空，上了人家的当。

三

　　朱棣把北京城当作国家的国都，不能说他完全就把后世子孙的幸福指数不当回事，但对他而言，自己靠夺权上的位，南京就是再好，住在那里心里也腻歪。北京再危险，可也是自己当燕王时的根据地和大本营，周围都是熟门熟户，即使危险，心里也是踏实的。在他看来，把城池修得结实点，把全国的强兵悍将调过来对付那些连招架之功都已丧失的蒙元军队，应该是没太大问题的。他大概没想到的是，蒙元帝国不等于草原帝国，一个蒙元倒下去，还会有无数"类蒙元"站起来。只靠打是打不完的。打不好，还会像金朝那样，再打出一个"成吉思汗"来。后来，抓住明英宗的瓦剌就是利用明朝打压东蒙古势力没工夫搭理他，趁机在西蒙古地区拔地而起的。

当然，朱元璋和朱棣对这些已经认输的蒙元势力绝不放手，除了为子孙的幸福着想外，大概还是因为女真、蒙古曾经杀进中原后赖着不走，他们对这件伤心的往事依然记忆犹新，心有戚戚焉。

女真人建的金朝和那些从长城以北来的少数民族是很不一样的。不一样的地方就在于，这个王朝是在中原王朝还处于统一状态下就杀进来了，而且还把赵宋皇室以及满朝文武大臣连锅端了，带到了东北。过了很多年，这个王朝还把国都搬到了长城以南，全面接受汉化改造，正经八百地在中原当家做起了主人。

之前，那些不管是草原民族，还是来自东北的渔猎牧耕啥都干的少数民族，在中原还是统一王朝的时候，与之交往，不管是打劫还是贸易，都是以要物质为主要甚至可以说是唯一目的，这些民族对灭国这种很费劲、很危险的事，根本提不起兴趣。只有在中原的统一王朝内耗严重，搞窝里反，以至于到四分五裂的时候，这些草原民族因为断了物质来源，才会努力争取入主中原。

在唐朝，回鹘还曾帮着唐王朝收拾家里的乱臣贼子，其表现也是相当卖力。这么做，一方面是因为当了人家的雇佣军，有钱拿。另一方面，他们也不希望中原王朝就这么没完没了地乱下去，影响自己开展敲诈勒索的业务。在唐朝彻底不行之前，这些来帮唐朝搭把手的草原民族从未动过要把中原据为己有的心思。

但金朝却以这种违反常规的方式，灭掉一个处于统一状态且没有亡国危险的中原王朝,这也算是一种换了思路的创举。和它比,蒙古人更不含糊,也毫不逊色,打掉金朝和南宋后,在黄河上下、长江南北,也端着架子打造出一个统一的元帝国。按照儒家对一个正统王朝的评价和定位,元帝国已经达到了当中原正统王朝的标准了,否则,也不会有那么多儒生对元帝国的社会经济建设很积极、很上心。

出于兔死狐悲的心理和殷鉴不远的考虑,明朝对北边这些少数民族不由自主地紧张起来。在朱棣之后,成吉思汗的黄金家族实际上已经被扫进了历史的犄角旮旯,以后崛起的实力派们谁也没再把这个家族太当回事儿,可以说,草原实际上处于四分五裂的状态。可是,在一个很长的时期里,黄金家族的后裔们在名义上还霸占着可汗的位置,虽然这些人当的是货真价实的傀儡可汗,但从表面上看,草原上的蒙元还算是一个有头有脑的正统国家。

把正统观念看得很重的明朝君臣,特别是那些明朝中期以前的君臣,自然就更加坚信,只要自己不留神,保不齐成吉思汗再换个马甲出现在黄金家族里。这么看,朱元璋父子对草原军团非常紧张,也是有说得过去的理由。当然,从实际情况看,他们父子俩是多虑了,要怪还是怪对草原地带的信息掌握不充分,对未来形势的分析有失偏颇。

四

终明一朝,北京一直是草原军团觊觎的地方,草原骑兵曾不止一次来北京围猎。到了晚明，他们干这事儿的次数就更多了。甚至在北京郊区抢完了还觉得不过瘾，结伙搭伴一路南下，跑到山东地界儿上继续抢，那种嚣张的气焰就是在800里之外都能有感觉。

从北京还叫大都的时候，它就已经可以被公认为全世界最著名、最繁华、最值得来抢一把的大都市了。据说，已经行了万里路、算是见过大世面的马可波罗，刚到大都时也被大都的浩大和繁华所震惊。说起来，也可以理解，他从只有10万人口的威尼斯过来，如果没有被大都的盛况惊呆，那倒是真奇怪了。

明朝在大都的基础上，也下了大力气来建设这里的。既然是政治中心，北京的达官贵人、富户大贾肯定比牛毛还多，这些有头有脸、更有尊严的人把别墅建到城外，把大量的金银细软藏到别墅里，这也是人之常情。因此，能在明朝北京郊区抢掠一番，对过惯穷日子的草原大兵们来说，也不枉此行，回去后，过几年奢华而潇洒的日子，甚至运气好的话，从此一辈子都不愁吃穿，也是完全有可能的。

嘉靖皇帝在位的时候，因为处理问题不小心，边疆的将领一时糊涂，让草原来的劫匪杀到了北京，权臣严嵩不但没有指挥大家有效地痛扁那些在城外发疯的草原兵将，还把皇帝的耳朵和眼睛给蒙上了。他这么弄当然让那些家财在城外的满朝文武和达官显贵们痛不欲生，对他恨之入骨。为此，这帮人准备一哄而上，拉开架势，把严嵩活活骂死。要不是皇帝的态度不明确，据说，有人已经下定决心并准备亲自动手宰了这个不体恤"民情"的奸臣，为民除害了。

正常情况下，明朝那些大兵们对揣着财货回家的劫匪们，很少实施强力打击，逼着他们把赃物和人头留下。说实话，这里面有着根本无法一洗了之的难言之隐。每当长城外的劫匪们来北京烧杀劫掠，那些躲在北京城墙后面的明军们，即使想杀出去和这些劫匪们你来我往地缠斗，可他们也是不敢出去的，或者说，上面的人不让他们根据自己对战场形势的判断，把握时机痛快杀敌。即使他们偶尔被放出去了，也被要求随时聆听"集结号"，准备回去守城。这等于捆着手脚和人家打，能扛得住就算不错了，指望着全歼草原军团，实在是太难了。

这倒不是这些大兵们和他们的上司全都是把脑袋塞到裤裆里的怂人，也不是明朝舍不得给立功的将士奖赏，更不是他们手中的家伙事儿太糙。关键是，明朝的皇帝和那些大官们认为，一旦明朝的大兵们被放出去杀敌，万一被打败、打散，接下来，皇帝肯定会被草原来的劫匪们请到北边去"狩猎"，或者如果皇帝不愿意，惹恼了人家，也很可能在皇宫里被人家直接给"做"了。对这样的结局皇帝不愿意接受，大臣们也担不起。

可是，如果打胜，后果也是很难预料的。大兵们面对胜仗，兴奋的情绪肯定冲到脑门上，难免会杀到比较疯狂的状态。理性一般不在场，而感性则充斥了脑神经。如果出击顺利，把草原军团杀得溃不成军，可这些狡猾的劫匪们万一是诈败呢？是故意卖个破绽，引诱明军出城呢？大家可以设想，当把明军主力诱到城外后，这些草原兵将派兵奇袭北京城，把皇帝从后宫揪出来，刀一旦架到皇帝的脖子上，这时候，这些疯掉的明军是继续打呢，还是乖乖地缴械投降呢？如果继续打，大兵们即使打胜，又去找谁领赏呢？后继的皇帝当然也不敢再用他们这些只想自己发财、不管老大死活的人了，说不定还会给个罪名,让他们拿着军功章上法场。

下过象棋的人都知道,对手一旦围着自己的老帅,左一下右一下地下毒手,招招致命,除非有怪招,一般理性的人肯定会把在外面攻城略地的"车、马、炮"这些能打的棋子儿,都拉回来先救驾,以保证自己有继续玩下去的资格和本钱。这么一想,就能理解大兵们窝在北京城以及周边的战略要地,应该怀着什么样憋屈的心情了。

五

一切的根源还是因为北京距离草原太近。更何况皇帝经常脾气不好,怀疑精神也很强,很不好糊弄。如让他有危险和不舒服,他一般是不会给人讲理的,一旦变了脸,下起狠手,比草原军团还绝情。

当年,袁崇焕曾带着自己亲自调教的关宁铁骑,从宁远城赶回来,挡住从古北口摸进北京城下的八旗兵。但他一心一意地要打胜仗,就自作主张带着兵往北京城的城根儿靠。根据有些学者分析,他的意思大概是想利用城防武器,特别是架在城头的"红夷大炮"帮自己一把。按说这么干也算是奇招一枚,不过他的军队大概向城墙靠得太近了,让皇帝起了疑心,以为多日不见的袁崇焕的良心已坏,当了八旗军的先锋官,准备攻打北京城。大家都是知道的袁崇焕的下场,就不用说了,当然,有些人觉得袁崇焕被杀还不是因为这个原因,还有很多,但皇帝真因为这个原因除掉袁崇焕,好像也很符合亡国之君的普遍做法,所以,还是姑且信之吧。

袁崇焕真是冤透了。可说起来,皇帝其实也是冤得很。"人心隔肚皮,做事两不知",如果站在皇帝的角度想问题,你会发现皇帝有时候做一些让人愤恨的事儿,也是被逼的。我们可以设想一下,大兵们在皇帝不知情的情况下,突然挥着兵器,叫嚷着跑过来,说是来保护皇帝。可是,如果皇帝以前连死人都没见过几个,对打仗没有多少自信心,你还真不能逼着皇帝去相信,这些红着眼的大兵们绝不会"不小心"把他的头给剁下来。

皇帝这个职业多危险,一般人是不知道的,但是,如果要是知道了,可能就不会那么羡慕这个职业了。当初,嘉靖皇帝喜欢拿宫女的某个私人物件炼丹药,说起来,也是为了追求长生这个很朴素的意愿,可宫女们却遭了很大的罪,几近发狂。为此,趁着嘉靖睡觉时,有几个宫女胆子大、愿意豁出去,计划联起手来把皇帝给勒死。很可惜,可能因为太紧张,没用好那根绳子,宫女们把皇帝勒得背过气去,可没死。不过,大家想想,连睡觉都不安生,你还忍心逼着皇帝去相信臣子们对自己很忠心?

当然,大家要求皇帝都有自律精神,身边自然就没有危险了。但是,在皇帝身边都是些战战兢兢、看他脸色的臣子和不怀好意、想尽法子让他快乐的妃子、宦官,他怎么可能真的做到始终如一地严于律己呢?

1644 年,那些饿疯了的农民兄弟们经过多年的奋斗,终于把大明江山的脊梁骨给折腾断了,貌似坚固的北京城在一天之内就被农民军搞定。大批的农民军进京的时候,是从城门洞走进来的,这时候的北京城已经到了"喊救命,喊破喉咙也没用"的悲怆境地,虚弱程度可见一斑。

据说，那时候，北京闹瘟疫，为皇帝守城的大兵们站都站不起来了，根本无力守城。当然，仅从军事角度讲，更主要的原因是在北京之外的左良玉之流的股肱之臣都被农民军打残了，不得不躲得远远的。而在山海关的吴三桂所带的救驾部队也才刚进关，根本没机会和农民军打照面，北京城被轻松攻下。

作为有尊严的皇帝，崇祯帝朱由检还是相当有骨气的。他死之前留下遗言，痛责手下这帮臣子们一个个都是奸佞之徒、亡国之臣，把自己坑死了，充分表达出了"自己活该倒霉，和这些人活在一个时空里"的悲愤之情。

六

其实，崇祯帝责怪的人是错的，要怪的人应该是自己的祖爷爷朱棣。要是朱棣能把北京城往南边挪一挪，国家处理边疆问题时可能就不会那么处处紧张了。身心一旦松弛，想问题时就不容易钻牛角尖，这样的话，国家在各方面的大政方针也许就能充分体现出"有进有退、有左有右"的弹性特征。

而还是按照以往的经验判断，中原王朝总是有条件、有能力对草原帝国做好釜底抽薪的工作。这个工作做到位，这些草原民族对一个统一的中原王朝，一般也不会萌生出土地方面的野心。如果关系处理得当，即使明朝家里出了点乱子，只要肯招呼一下，出个差不多合理的市场价，草原军团还会愿意帮忙出力，来收拾中原王朝里那些不听话的乱臣贼子。甚至不用招呼，人家看着明朝困难，也会主动提出来，自带武器、马匹来帮忙。摆平事儿后，人家一般还会拿钱就走人。当然，个别时候，这些人可能会拉出账单，说明支出超过预期了，看看皇帝能不能再多补助一些。即使大家都看得出这些人在"敲竹杠"，面子上有点吃亏，但总好过国破皇帝死吧？

至于经常对中原王朝有领土野心的东北少数民族，其实也不用太担心。只要和草原上的各个部落把关系处好，这些草原部落会主动打压这些地方的穷兄弟。

在真实的历史中，努尔哈赤和皇太极带领的女真人就和明朝不一样，他们深刻感到草原对他们的重要性。他们从明朝手里抢来了辽东，任用汉人当官，吸引汉人在那里耕种、做生意，农耕经济逐渐发展起来。虽然日子也不太好过，但他们为和草原部落搞好关系，出手还是比较大方的。平时从抢来的和自己组织生产出的物资中，没少拿出草原兄弟们喜欢的东西，让他们享用。甚至有时候哪怕勒紧自己的裤腰带，也要让草原兄弟先吃着、喝着。如果有机会，女真人以及后来的清朝都会主动要求成为草原部落首领的儿女亲家，培养和明朝对着干的情绪。当然，对那些不吃这一套的，女真人也是要挥着拳头，表示自己愤慨的，使那些看不清自己才是他们真正"朋友"的部落吃些苦头。

女真族打出的强硬和温柔的拳头，都很精准、很到位，拳拳落在草原军团的关键部位。最终清朝牵着草原部落跟着走了，这一走，就走到了清朝灭亡之时。清朝灭亡后，这些草原上的实力派们表现出极大的主人翁精神，为清朝哭成泪人，还积极地出人出力，搞复辟活动。

要是明朝也能放开手脚，在边疆的榷场把贸易搞得再红火一些，使出含金量高的分化瓦解的招数，相信这些草原部落肯定不会理睬那些女真人了。当然，也是按照以往的经验，明朝最后也应难逃灭国的命运，但死也有好死和坏死的区别，被左邻右舍和治下的叛民一拥而上群殴致死，这种死法也太让人纠结了。

明亡后，大多数曾经拿着明朝俸禄的高官显贵们，象征性地对明朝表达一下缅怀之情后，就一头扑到清朝的怀抱。让人悲哀的是，尽管有史可法这样的忠臣主动殉国，但与宋朝相比，像"陆秀夫""文天祥"那样的铁骨硬汉还是少多了。更何况在崖山之战中，还有为宋朝投海殉国的10万忠臣良子，两相对比更让人感慨唏嘘。我们很难想象，一个人平时混成啥样才会落个这样的惨状呢？

有明一朝，北京城处于对敌前线，笼罩在紧张的空气里，可以说，北京的紧张状态是整个明朝状态的一个缩影，那些从北京城出来的制度和人，大概也都是紧张的。这个国家的肌肉被绷得很紧，时间长了，则必然日趋保守，这种保守的意识逐渐渗透进它的血液，进入它的基因谱系之中。而这个紧张的王朝对手下的大臣和子民则很难报以宽容的态度和美好的情绪，很可能很多人因此最终从心理上很快接受了"明必亡、清必兴"的预期，与这个王朝一同赴死的人才会明显少于宋朝。

清朝进入北京城后，抄袭了很多明朝的现成东西。可是，在清朝看来，那些草原上的军事头目们以前和自己一起扛过枪，欺负过明朝，既是哥们，又是"实在亲戚"，更是同盟。他们的军队还都被编入了蒙古八旗系列，有了正规编制，属于清朝的正规军。再加上经过几十年的磨合，清朝的皇族们早已充分掌握了和这些草原部落打交道的技巧，积累出屡试不爽的成功经验，这个王朝对北部的草原民族已不用那么紧张了，因此，清朝对北部边疆的策略也就无须再抄袭明朝了。

但在抄袭明朝其他方面时，大概被希望维护既得利益的汉族知识分子们给忽悠了，清朝把前朝的保守基因一股脑地一并抄了过来。当时，他们并不知道这种保守且紧张的基因有多可怕，等到比草原军团更凶的洋毛鬼来的时候，国家的体质已经虚弱到极点，根本招架不住洋毛鬼的强取豪夺。精明如鬼的满朝文武和算是比较操心国事的皇帝根本没想到，海上也能跑来灭国的妖孽，因此，自始至终，就没下过力气建设海上的"长城"。

说实在的，都城北京距离海面也太近，一旦发现自己顶不住洋毛鬼的武装"觐见"时，北京城已经暴露在人家的枪炮面前了。回旋余地几乎没有，只剩下两条路，要么死磕到底皇帝死，要么举手投降，这时候，大清朝虽然很纠结、悲伤，也很无助，但这时候，说什么也都晚了。

参考书目

[法]勒内·格鲁塞著,蓝琪译:《草原帝国》,商务印书馆1998年3月版。

[美]巴菲尔德著,袁剑译:《危险的边疆:游牧帝国与中国》,江苏人民出版社2011年11月版。

[美]拉铁摩尔著,唐晓峰译:《中国的亚洲内陆边疆》,江苏人民出版社2008年4月版。

[美]狄宇宙著,贺严、高书文译:《古代中国与其强邻:东亚历史上游牧力量的兴起》,中国社会科学出版社2010年9月版。

[美]芮乐伟·韩森著,梁侃、邹劲风译:《开放的帝国:1600前的中国历史》,江苏人民出版社2007年5月版。

[英]史怀梅著,曹流译:《忠贞不贰?辽代的越境之举》,江苏人民出版社2015年12月版。

[日]檀上宽著,王晓峰译:《永乐帝:华夷秩序的完成》,

社会科学文献出版社 2015 年 12 月版。

[美]杰克·戈德斯通著,关永强译:《为什么是欧洲?世界史视角下的西方崛起(1500-1850)》,浙江大学出版社 2010 年 7 月版。

[日]杉山正明著,孙越译、邵建国校:《蒙古帝国的兴亡》,社会科学文献出版社 2015 年 12 月版。

[日]杉山正明著,周俊宇译:《蒙古颠覆世界史》,生活·读书·新知三联书店 2016 年 10 月版。

[日]杉山正明著,黄美蓉译:《游牧民的世界史》,中华工商联合出版社 2014 年 3 月版。

[日]杉山正明著,乌兰、乌日娜译:《疾驰的草原征服者:辽西夏金元》,广西师范大学出版社 2014 年 3 月版。

许倬云著:《说中国:一个不断变化的复杂共同体》,广西师范大学出版社 2015 年 5 月版。

许倬云著:《我者与他者:中国历史上的内外分际》,生活·读书·新知三联书店 2015 年 8 月版。

许倬云著:《大国霸业的兴废》,上海文化出版社 2012 年 4 月版。

许倬云著:《万古江河:中国历史文化的转折与开展》,上海文艺出版社 2006 年 6 月版。

[以色列]尤瓦尔·赫拉利著,林俊宏译:《人类简史:从动物到上帝》,中信出版社 2014 年 12 月版。

盛洪著：《长城与科斯定理》，上海远东出版社2011年7月版。

［德］斯蒂芬·沃依格特著，史世伟、黄莎莉、刘斌、钟诚译：《制度经济学》，中国社会科学出版社2016年5月版。

［美］奥立弗·哈特等著，易宪容等译：《现代合约理论》，中国社会科学出版社2011年7月版。

［美］道格拉斯·C.诺思著，杭行译：《制度、制度变迁与经济绩效》，格致出版社2008年10月版。

［美］道格拉斯·C.诺思著：《经济史上的结构和变革》，商务印书馆1992年10月版。

［美］道格拉斯·C.诺思、约翰·约瑟夫·瓦利斯、巴里·R.温格斯特著，杭行、王亮译：《暴力与社会秩序：诠释有文字记载的人类历史的一个概念性框架》，格致出版社、上海人民出版社2013年6月版。

（元）李志常著，尚衍斌、黄太勇校注：《长春真人西游记校注》，中央民族大学出版社2016年5月版。

刀尔登著：《中国好人：刀尔登读史》，山西人民出版社2009年2月版。

［美］黄仁宇著：《万历十五年》，中华书局2007年1月版。

［美］黄仁宇著：《中国大历史》，生活·读书·新知三联书店2014年5月。

（汉）司马迁著：《史记》，岳麓书社 2011 年 7 月版。

王明珂著：《游牧者的抉择：面对汉帝国的北亚游牧部族》，广西师范大学出版社 2008 年 12 月版。

[英] 阿诺德·约瑟夫·汤因比著，郭小凌、王皖强等译：《历史研究》，上海人民出版社 2010 年 1 月版。

[英] 马尔萨斯著，朱泱等译：《人口原理》，商务印书馆 1992 年 8 月版。

（明）宋濂著：《元史》，中华书局 1976 年 4 月版。

图书在版编目（CIP）数据

弓与犁：草原与中原的和与战／王文剑著.—济南：山东画报出版社，2018.1

ISBN 978-7-5474-2453-7

Ⅰ.①弓… Ⅱ.①王… Ⅲ.①中国历史—古代史—研究 Ⅳ.①K220.7

中国版本图书馆CIP数据核字（2017）第124410号

图书策划	韩　猛	
责任编辑	王一诺	
装帧设计	王　钧	
主管部门	山东出版传媒股份有限公司	
出版发行	山东画报出版社	
	社　　址	济南市舜耕路42-1号　邮编 250014
	电　　话	总编室（0531）82098470
		市场部（0531）82098479　82098476（传真）
	网　　址	http://www.hbcbs.com.cn
	电子信箱	hbcb@sdpress.com.cn
印　　刷	山东新华印务有限责任公司	
规　　格	148毫米×210毫米	
	6.5印张　150千字	
版　　次	2018年1月第1版	
印　　次	2018年1月第1次印刷	
印　　数	1—4000	
定　　价	38.00元	

如有印装质量问题，请与出版社总编室联系调换。